Das Buch

Hier erfahren Sie, wie Sie auf schmackhafte Weise die Traumfrau Ihres Auserwählten werden. Ob orientalische »Verführung aus dem Serail«, spanische »Corrida amorosa« oder französische »Amour fou« – mit solch delikaten Menüs aus den kulinarisch reizvollsten Regionen der Welt verdrehen Sie jedem Mann den Kopf. Natürlich gehört dazu, dass Sie ihm edle Tropfen kredenzen, eine sinnliche Atmosphäre schaffen und sich selbst in Szene setzen.

Die hohe Kunst der kulinarischen Verführung – dargeboten von Gabriella Moliné, einer raffinierten Meisterin ihres Fachs.

Die Autorin

Gabriella Moliné ist Sängerin, Musical-Darstellerin und Moderatorin, außerdem Schriftstellerin und eine begnadete Köchin. Sie lebt in der Nähe von Frankfurt und in Los Angeles.

GABRIELLA MOLINÉ

# *Wie Sie jeden Mann weich kochen*

Das Kochbuch der Verführungen …
… mehr als nur Rezepte

Ullstein

Ullstein Taschenbuchverlag
Der Ullstein Taschenbuchverlag ist ein Unternehmen der
Econ Ullstein List Verlag GmbH & Co. KG, München
1. Auflage 2002

Illustrationen: Uschi Heusel
Umschlagkonzept: Lohmüller Werbeagentur
GmbH & Co. KG, Berlin
Umschlaggestaltung: Thomas Jarzina
Titelabbildung: Mauritius, Mittenwald

Gesetzt aus der Stempel Schneidler
Satz: Gramma GmbH, München
Druck und Bindearbeiten: Elsnerdruck, Berlin
Printed in Germany

ISBN 3-548-36333-4

# Inhaltsverzeichnis

# Der Schlachtplan

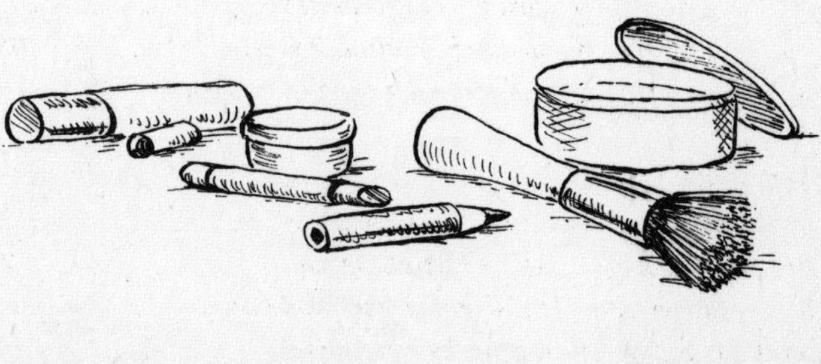

# Wie Sie bis zum Dessert seine Traumfrau werden

»Gekocht habe ich nix, Schatzi, aber guck mal, wie ich dalieg …« Diese alte Methode zieht bekanntlich nur noch selten – und sie genügt auf gar keinen Fall, um einen Angebeteten beim ersten Dinner für sich zu gewinnen oder um beim langjährigen Partner wieder Leidenschaft und Feuer zu entzünden. Um das zu erreichen, müssen Sie dem Mann Ihrer Träume schon etwas Besonderes bieten.

Sie wissen nicht, wie Sie das anstellen sollen? Sie haben zu wenig Erfahrung und Ideen? Oder trauen sich nicht so recht?

**OK, meine Damen, hier sind sie: die ultimativen, erprobten und bewährten Tipps und Anregungen für einen ganz speziellen, aufregenden, kulinarisch-erotischen Abend!**

Ich weihe Sie ein in die hohe Kunst der kulinarischen Verführung – denn Liebe geht bekanntlich durch den Magen. Damit er Ihre Küche aber nicht mit seinem Stammlokal verwechselt, müssen Sie als besondere Zutat ein wenig weibliche Raffinesse spendieren. Kochen Sie Ihren Liebsten weich – und zwar nach einer ganz speziellen Rezeptur. Lassen Sie ihn schmoren, wenn er schon vor Heißhunger vergeht; würzen Sie nach, wenn er glaubt, Sie seien schon scharf genug. Und vor allen Dingen: Lassen Sie nichts anbrennen.

Nehmen Sie sich also ein Gläschen Sekt, machen Sie es sich gemütlich und lassen Sie uns gemeinsam die »Geheimwaffen« in Position bringen. Ich verspreche Ihnen: Es ist viel leichter, als Sie vermuten, es macht obendrein einen Mordsspaß – und es ist mit Sicherheit von Erfolg gekrönt! Sie werden sich wie eine Königin fühlen – und auch als solche behandelt werden. Sie werden umwerfend charmant, verführerisch und sexy sein – und zwar nicht nur für einen Abend, sondern für unzählige folgende.

Denn es gibt gar nicht so viele Unterschiede zwischen einer Traumfrau und »Frau Biedermann«. Die Traumfrau weiß lediglich ihre Vorzüge besser ins Licht zu setzen. Also müssen Sie sich auch besser verkaufen, damit er Sie zum Anbeißen findet. Packen Sie die Selbstzweifel einfach mal in den Schrank und das »kleine Schwarze« aus. Sie haben nicht die Figur von Claudia Schiffer? Macht nix! Sie wollen ja auch nicht David Copperfield verführen, sondern nur Ihren eigenen Herzbuben. (Außerdem kann Claudia Schiffer nicht kochen. Aber vielleicht kann Ihr Herzbube ja zaubern ...)

Sie haben es übrigens auch noch aus einem anderen Grund leichter, als Sie vielleicht befürchten: Sie betreten mit hoher Wahrscheinlichkeit totales Neuland. Bei den meisten Paaren ist das gemeinsame Abendessen zur praktischen Nahrungsaufnahme verkümmert – womöglich noch vor dem Fernseher. Und die meisten Männer, die insgeheim »knusprigere« Träume hegen, trauen sich nicht so recht, ihrer Frau oder Freundin einen derart »unsittlichen« Antrag zu machen. Das Gefühl, nach allen Regeln der Kunst quer durchs Gemüsebeet verführt zu werden, bleibt also nach verbreiteter Auffassung Filmhelden wie Mickey Rourke und Kim Basinger vorbehalten.

Was das für Sie bedeutet? Ganz einfach: Es dürfte keinerlei störende Vergleichsmöglichkeiten geben, weil Ihr Opfer höchstwahrscheinlich keine einschlägigen Erfahrungen hat. Sie sind also in jedem Fall besser als alles, was vorher da war. Und damit ist Ihr Erfolg bereits vorprogrammiert.

## *»Aber ich kann doch überhaupt nicht kochen!«*

Diese Ausrede habe ich schon tausendmal gehört – und jedes Mal muss ich darüber lachen. Denn: **Kochen kann jeder – und erst recht jede!** Schließlich gehört sicherlich kein Wahnsinnstalent dazu, die angegebenen Zutaten aus einem Rezeptbuch einzukaufen, sie abzumessen und in der vorgegebenen Weise zuzubereiten.

Der Unsicherheitsfaktor liegt für die meisten doch wohl eher in der Furcht, sich zu blamieren. Aber Sie wollen mit Ihrem erotischen Menü schließlich keinen Michelin-Stern ernten, sondern Ihren ganz persönlichen Stern vom Himmel holen. Und das schaffen Sie spielend!

Apropos spielend: Bestimmt haben Sie als Kind manchmal in der Küche geholfen. Und – hat das damals nicht einen Riesenspaß gemacht, so ganz ohne Leistungsdruck vor sich hin zu köcheln? Nehmen Sie sich für Ihren großen Abend deshalb auch wieder die Zeit und die kindliche Unbekümmertheit von damals. Was damals Ihre Mama getan hat – durch sanftes Eingreifen dafür zu sorgen, dass alles glatt geht –, das tut in diesem Fall das Kochbuch, das Sie in der Hand halten: Die Rezepte sind so geschrieben, dass sie wirklich kinderleicht nachzukochen sind. Trauen Sie sich!

## *»Aber Männer stehen doch eher auf innere Werte«*

Das mag ja in Einzelfällen (bei Professoren, Nerds und Sehbehinderten) stimmen, aber ganz sicher nicht beim ersten Rendezvous. Und ich kann mir auch nicht vorstellen, dass die Männer, die sich nach mir die Hälse verrenken, meinem inneren Wert nachstarren … Stoßen Sie also die Männer ruhig – notfalls mit der Nase – auf Ihre äußeren Werte. Die inneren kommen dann noch früh genug ans Tageslicht.

## *So genießen Sie den Abend – und den Mann!*

Wer würde Ihnen wohl heute noch raten, ein »braves« Mädchen zu sein? (Ich habe diesen Ratschlag meiner Eltern auch nie ganz ernst genommen.)

Schließen Sie doch mal kurz die Augen, holen Sie tief Luft, bis in den Bauchraum, und atmen Sie langsam aus.

Betrachten Sie jetzt einmal ganz bewusst Ihr Spiegelbild und stellen Sie sich Ihre neue Seite vor. (Keine Angst, es sieht und hört Sie ja niemand.) Versuchen Sie, Ihrer Stimme einen verführerischen Klang zu geben, setzen Sie ein geheimnisvolles Lächeln auf (das hat doch früher auch schon manchmal gewirkt, stimmt's¿!), und lustwandeln Sie ein bisschen vor dem Spiegel auf und ab. Natürlich müssen Sie nicht gleich zur Marilyn mutieren, aber ein wenig mehr Swing beim Gehen und Posing beim Stehen darf's schon sein.

Aber vor allen Dingen: Schalten Sie, wenigstens für einen Abend, Ihren überkritischen Verstand aus – und die Gefühle ein. Ein sinnlicher Abend kann nämlich nicht funktionieren, wenn Sie Angst haben, sich zu blamieren. Und das werden Sie garantiert nicht, im Gegenteil!

Vergessen Sie für Ihren Traumabend die Alltagsroutine! In Hausschuhen und Morgenmantel Bratkartoffeln auftischen können Sie ja nächste Woche wieder … Reservieren Sie stattdessen den ganzen Tag Ihres Verführungs-Dates nur für sich selbst, machen Sie einmal frei und sündigen Sie schon vorab. Und zwar ganz ohne schlechtes Gewissen. Damit nicht nur er bekommt, was er verdient – sondern auch Sie selbst.

Halten Sie ein entspanntes Schwätzchen mit der Obstfrau über die saftigsten Erdbeeren, kaufen Sie mal nicht im Billig-Discounter ein, sondern beim Feinkost-Italiener (man gönnt sich ja sonst nichts!), und krönen Sie Ihre Freiheit mit einer ganz besonderen Weinempfehlung aus der Vinothek.

Zu Hause angekommen, öffnen Sie erst einmal einen Pikkolo, nehmen Sie ein heißes Bad und lassen Sie Ihrer Phantasie und Vorfreude freien Lauf. Gehen Sie gelassen (!) an die Vorbereitung der Zutaten, schnippeln Sie mit Lockenwicklern im Haar und lassen Sie sich unter keinen Umständen stören!

Ich weiß, was Sie jetzt denken: Das funktioniert niemals, am Ende ist man immer abgehetzt und fertig. Falsch! Denn auf meinen ausgetüftelten Zeitplan können Sie sich hundertprozentig verlassen. Getestet am lebenden Objekt – mit durchschlagendem Erfolg.

Jetzt also: Ran an den Speck!

# Das Ah und Oh der Verführungskunst

## Das Outfit – Ihre »Kampfkleidung«

Sie entscheiden, ob Sie eher geheimnisvoll, sexy, klassisch oder gar verrucht auftreten wollen. Nur eines dürfen Sie nicht: Kleiden Sie sich nie zurückhaltend. Männer interpretieren das immer total falsch, weil eine edelschlichte Garderobe für sie niemals das Signal »Verführung« aussendet.

Also: Wagen Sie etwas! Und bevor Sie sich mit dem Klischee »So etwas steht mir doch nicht« aus der Affäre ziehen, lassen Sie sich doch von Ihrer besten Freundin beraten – die ist sowieso hundertmal kritischer, als es Ihr »Opfer« je sein wird.

Aber vergessen Sie bei allen Experimenten nie: Sie selbst müssen sich pudelwohl fühlen, sonst wird er es Ihnen anmerken. Wer sich »verkleidet« fühlt, verkrampft spätestens dann, wenn es eigentlich um die totale Entspannung geht. Außerdem darf die Kleidung Sie nicht beim Servieren oder Tranchieren und beim Essen behindern.

Und was ist mit dem Hot Stuff? Gemeint ist das Untendrunter, das »Mann« später zu sehen bekommt, wenn er Sie auch standesgemäß angehimmelt hat.

Die Wahl der Unterwäsche ist ohne Frage typabhängig.

Manche mögen's extraheiß, andere mehr schlicht und ergreifend. Doch immer gilt: Etwas Besonderes sollte es schon sein. Denn nur dann denken Sie mit wohliger Vorfreude an den Moment, in dem er zu sehen bekommt, was Sie schon den ganzen Abend spüren.

Strapse sind immer die konkrete, unumwundene Aufforderung zum Reinbeißen. Kaum ein Mann kann da widerstehen, zumal die meisten Männer nur selten in den Genuss dieser erotischen Verpackung kommen. Ob mit BH und Slip oder mit Korsage – spätestens hier schaltet das Gehirn Ihres Liebsten dann endgültig aus.

Wer lieber etwas unauffälliger mit dem Zaunpfahl winken möchte, sollte auf halterlose Strümpfe ausweichen. Aber bitte unbedingt die mit den breiten Spitzenhaltegummis (z. B. von Wolford). Die anderen, billigeren quetschen nur die Oberschenkel ab und machen Beulen und Dellen, die alles andere als erotisch aussehen.

Slip und BH, eventuell Hüftgürtel und Strümpfe sollten, wenn's zum Outfit passt, möglichst in einer Farbe sein, ansonsten auf jeden Fall in aufeinander abgestimmten Farben. Schwarz passt im Zweifel immer, meistens auch am besten zum Outfit, rote Dessous wirken wirklich sehr verrucht, weiße ganz unschuldig, alles dazwischen ist reine Geschmackssache.

Die Strümpfe sollten Ihre Absicht möglichst nicht zu aufdringlich von Anfang an zeigen. Also bei superkurzen Röcken eventuell zwischendurch schnell die (ansatzlose) Strumpfhose gegen die Strümpfe austauschen, wenn's spannend zu werden droht.

Wichtig ist der Überraschungseffekt: Die heiße Underwear sollte zu Beginn des Abends erst mal verborgen bleiben, um dann zum Zeitpunkt X ihre volle Wirkung zu entfalten.

Hohe *Schuhe* verändern nicht nur den Gang, sondern

die gesamte Haltung und Ihr Gefühl für Erotik. Auch wenn Sie grundsätzlich keine hohen Absätze tragen, hier ist es fast ein Muss.

## *Am Make-up führt kein Weg vorbei*

Make-up und Frisur sind strategische Waffen, damit Ihr Gesicht den passenden »Rahmen« bekommt. Ihren eigenen Aussagen zufolge mögen Männer es zwar überhaupt nicht, wenn Frauen sich schminken. Alle behaupten sie, mehr auf Natürlichkeit zu stehen. Komischerweise fallen ihnen aber dann doch bei den »aufgebrezelten« Frauen die Augen aus dem Kopf. Schminken ist also ein Muss – das Gerede von der Natürlichkeit dient uns nur als Warnung vor dem Zuviel.

Bedenken Sie also: Make-up muss sein, damit sie »kampftauglich« sind, aber es soll keinesfalls in Kriegsbemalung ausarten. Wichtig sind zudem nicht die Einzelteile, sondern das Gesamtkunstwerk am Schluss.

# *Gabriellas Secrets für ein traumhaftes Make-up*

GRUNDIERUNG
Leicht muss sie sein, denn zusammen mit einem zarten Hauch von Puder lässt sie den Teint ebenmäßiger erscheinen, selbst bei geöffnetem Backofen. Zu viel Puder hingegen bewirkt, dass Sie bei sanftem Kerzenlicht eher wie eine Wasserleiche aussehen.

AUGEN-MAKE-UP
Das ist eine Geschmacks- und Typfrage: Dunkelhaarige können sich intensivere Farben leisten, helle Typen sollten die Sache eher sanft angehen.

AUGENBRAUEN
Sie sollten immer einen Ton heller nachgezogen werden, als sie natürlicherweise sind. Am besten geht das mit einem stumpfen (!) Stift. Hellblonde Augenbrauen leicht färben lassen.

WIMPERN
Schön gepflegte Wimpern zum Klimpern sind ein absolutes Muss. Wimperntusche darf aber nie unter zwei bis drei Lagen aufgetragen werden. Aufgepasst: keine Hühnerbeine fabrizieren, notfalls eben bürsten, bürsten, bürsten.

Achten Sie darauf, dass sich *keine Creme* mehr unter Ihren Augen befindet, sonst verwandelt sich die ganze Pracht binnen 20 Minuten in Trauerringe.

### Rouge

Ein wenig – und ich meine wirklich: *ein wenig* – Farbe zaubert einen frischen Teint auf Ihre Wangen. Das hilft, wenn Lampenfieber und Vorfreude Sie eher blass als rot werden lassen und wenn Ihnen nicht schon der Pikkolo vom Nachmittag angenehm zu Kopf gestiegen ist. Verbannen Sie in jedem Fall knallrotes oder gar pinkfarbenes Rouge.

### Lippenstift

Gott sei Dank gibt es endlich kussechte Produkte. Aber Vorsicht: Oft halten auch die nicht, was sie versprechen, sondern finden sich dann auf Gläsern, Servietten, Hemdkragen oder als Abdruck auf der Backe des Geliebten wieder. Ich verwende für solche Gelegenheiten *Lipcote*, einen richtigen Lippenlack, der am Anfang zwar ein bisschen brennt, dann aber sensationell hält.

Ganz wichtig: Immer vor dem Schminken abpudern, dann Konturenstift in der passenden Farbe zum Lippenstift sehr sauber um die Lippenkontur ziehen, mit dem Lippenstift vorsichtig ausmalen und dann einmal ein Kleenex zwischen die Lippen drücken, um die überschüssige Farbe wegzunehmen. (Sonst findet diese sich bald an den Vorderzähnen oder am Kinn wieder!) Am Ende mit Lippenlack versiegeln.

### Parfum

Gehen Sie vorab in die Parfümerie Ihres Vertrauens und inszenieren Sie eine Duftparade. Nehmen Sie Zeit, Ihre Freundin und die Lust am Probieren mit und testen Sie ungehemmt, auch wenn Sie danach riechen, als kämen Sie aus einem Mäusepuff.

Bereiten Sie einen Abend für Ihren langjährigen Partner vor, dann überraschen Sie ihn auch mit einem neuen Duft. Der wird ihn dann auch immer an den gelungenen Abend erinnern. Schließlich gibt es doch himmlische Alternativen zur Kernseife. Wenn möglich, sollte sich das Thema des von Ihnen inszenierten Abends auch im Duft Ihrer Haut wiederfinden: Zum italienischen Abend darf Ihr Duft ruhig feminin und angriffslustig sein. Das französische Menü hat etwas von Eleganz und Blumen, die asiatische Abteilung ist eher zurückhaltend oder frisch, beim orientalischen Abend passt sinnliches, schweres Parfum à la Moschus am besten.

Noch ein Hinweis: Bitte vermeiden Sie verschiedene Düfte an Ihrem Körper. Also entweder die gesamte Badeserie von ein und demselben Duft oder neutrales Duschgel.

### Haare

Keine Brettfrisur! Spray ist wirklich nur in unbedingt überlebenswichtigen Mengen erlaubt. Stylinggels und Öle sollten Sie sich komplett für den Sommerurlaub aufsparen. Natürlich ist es wünschenswert, dass er sich nicht mehr von Ihnen losreißen kann, aber daran sollte nicht Ihre Klebfrisur schuld sein.

Haarteile machen sich später neben dem Sofa vielleicht auch nicht ganz so gut. Es sei denn, Ihr Indianer steht auf Skalps.

Ganz wichtig: Enthaaren ist Pflicht! Besonders unter den Flügeln (Achseln) und an den Beinen. Dass Sie keine Haare auf den Zähnen haben sollten, versteht sich eh von selbst …

### Kleiner Tipp am Rande

Wenn Sie's irgendwie hinkriegen, ohne die Stimmung total zu ruinieren, dann entschuldigen Sie sich im passenden Moment für ein paar Minuten und legen Sie im Bad eine Extrarunde zum Abschminken ein. Nichts ist schlimmer als verklebte, verschmierte Augen am Morgen nach einer zauberhaften Nacht. Das ist sowieso der Moment der Wahrheit. Tragen Sie noch nachts ganz kurz vor dem Einschlafen eine Creme auf, möglichst nicht so fettig, das klebt schrecklich. Es gibt wirklich Zaubermittelchen, die über Nacht wahre Wunder vollbringen. (*issima* »midnight secret« von Guerlain macht – ungelogen – Stunden versäumten Schlafs wett.)

Wenn Sie morgens vor Aufregung sowieso nicht mehr schlafen können, huschen Sie am besten schnell ins Bad und helfen mit dem kleinen Notprogramm: Augencreme, Puder, Wimperntusche, Rouge, Konturenstift, Lipgloss, fertig zum Frühstück oder -sport …

### Ein wichtiger Ratschlag zum Schluss

Die beste Schminke ist immer noch die, die man nicht sieht. Wenn Männer sagen, sie mögen keine geschminkten Frauen, dann meinen sie in Wirklichkeit: Sie mögen keine Frauen, *denen man ansieht,* dass sie sich geschminkt haben. Also verwürzen Sie nichts – und halten Sie stets dezent genügend Utensilien zum Nachschminken parat. Am besten, Sie testen »heimlich« im Voraus die Qualität Ihrer Produkte auf Dampftauglichkeit, Hitzebeständigkeit, Kussfestigkeit etc. Harmoniert Ihr Parfum mit Ihrem Menü? Können Sie mit zu langen Nägeln überhaupt Gemüse schnippeln?

Übertreiben Sie's also nicht. Er kommt schließlich gänzlich ungeschminkt.

# *Der (G)astro-Tipp*

Mag der Krebs auch Hummerfleisch? Ist der Löwe ein Vegetarier? Haben Wassermänner eine Fisch-Allergie?

Um ganz sicher zu gehen, dass Ihnen an Ihrem Traumabend kein gewichtiger kulinarischer Fauxpas unterläuft, können Sie vielleicht die Sterne zu Rate ziehen. Denn das Sternzeichen Ihres Opfers ermöglicht durchaus wertvolle Rückschlüsse – besonders, wenn Sie sonst nicht viel über seine Essgewohnheiten wissen. Auch ohne detaillierte Einzelheiten wie Aszendenten oder Planetenstellungen lassen sich astrologisch bedingte Vorlieben und Leibspeisen ableiten, die Ihnen die Qual der Wahl zwischen leichter französischer Küche oder scharfem Thai-Essen erleichtern. Natürlich bestätigen Ausnahmen die Regel! Trotzdem: Mit den folgenden Venus-Tipps steht Ihr Abend garantiert unter einem guten Stern.

*Widder*
Als eher praktischer Mensch zieht er einfache Genüsse jedem extravaganten Schnickschnack vor. Entscheiden Sie sich deshalb für ein bodenständiges Dinner.
***Venus empfiehlt: Spanisches oder italienisches Menü.***

*Stier*
Diesem Sternzeichen steht der Sinn in erster Linie nach Qualität, denn Stiere sind Genießer par excellence. Aber

Vorsicht: Sie sind keine Avantgardisten. Mit exquisitem Gemüse und raffinierten Salaten liegen Sie immer richtig.
***Venus empfiehlt: Französisches, italienisches oder kalifornisches Menü.***

*Zwilling*
Er isst, wie er ist: immerzu hin- und hergerissen. Heute der 3-Sterne-Schmaus und morgen asketische Rohkost. Als extremer Mensch ist er wahrlich kein leichter »Gast«, deshalb müssen Sie ihn mit Abwechslung überraschen.
***Venus empfiehlt: Orientalisches oder kalifornisches Menü.***

*Krebs*
Für den einfühlsamen und sensiblen Krebs ist die Atmosphäre besonders wichtig. Also geben Sie sich besonders viel Mühe mit der Tischdeko und dem Ambiente. Frische Meeresfrüchte sind seine größte Schwäche.
***Venus empfiehlt: Französisches, italienisches oder spanisches Menü.***

*Löwe*
Er steht auf Luxus auf dem Teller und setzt von Natur aus voraus, dass Sie ihn anbeten. Als extravagantem Typ kann es ihm mitunter gar nicht schrill und ausgefallen genug sein – in jeder Hinsicht.
***Venus empfiehlt: Thailändisches oder orientalisches Menü.***

*Jungfrau*
Bei Jungfrau-Männern müssen die Details stimmen: ein anbetungswürdiger Tisch, perfekte Musik, ein leichtes Essen, stilvoll serviert. Verzichten sie unter allen Umständen auf scharf gewürzte Speisen.

***Venus empfiehlt: Französisches Menü oder eine sanfte Version des thailändischen Menüs.***

*Waage*

Kommunikation ist der Motor der Waage. Waage-Männer sind sehr langsame Esser und bisweilen am Gespräch mit Ihnen mehr interessiert als an Ihren Kochkünsten. Also bereiten Sie alles gut vor, damit Sie ihn auf gar keinen Fall zu lange sich selbst überlassen.

***Venus empfiehlt: Italienisches oder französisches Menü.***

*Skorpion*

Das Schlemmersternzeichen. Skorpione lieben das Geheimnisvolle, ihre Sinnlichkeit macht sie zum perfekten Genießer. Der Skorpion-Mann will essen – und verwöhnt werden.

***Venus empfiehlt: Orientalisches, spanisches oder kalifornisches Menü.***

*Schütze*

Diese Männer sollte man nie einengen, also geben Sie ihm die Chance zur Bewegung. Beziehen Sie ihn in Ihre Kochkünste mit ein, lassen Sie absichtlich etwas zum Mitschnippeln übrig. Er liebt kleine Mahlzeiten – und Exotik.

***Venus empfiehlt: Thailändisches oder kalifornisches Menü.***

*Steinbock*

Handfest muss das Essen sein – und gepflegt. Wenn's nach ihm ginge, zöge er deutsches Essen jeder internationalen Köstlichkeit vor. Und wenn schon Fisch – dann bitte ohne Gräten.

***Venus empfiehlt: Französisches oder spanisches Menü.***

*Wassermann*

Er wird Ihren Sinn nach einem Festmahl sofort unterstützen, denn für ihn ist Essen pure Entspannung. Wassermänner experimentieren gerne und sind fremdartigen Gelüsten gegenüber sehr aufgeschlossen.

***Venus empfiehlt: Kalifornisches, thailändisches oder orientalisches Menü.***

*Fische*

Essensmäßig ist er weniger bestrahlt als andere Sternzeichen. Ohne gemütliche Atmosphäre, sanftes Licht oder einen duftenden Blumenstrauß fühlt er sich nicht wohl.

***Venus empfiehlt: Italienisches, französisches oder spanisches Menü.***

# *Die sechs Menü-Rezepte*

# *Bedienungsanleitung für den Rezeptteil*

Sie haben, ganz nach Lust und Laune, die Wahl aus sechs kompletten Menüvorschlägen, unterteilt nach »verführerischen« Regionen: Italien, Frankreich, Thailand, Arabien, Spanien und Kalifornien.

In jedem Fall jedoch wird es ein außergewöhnlicher Abend. Und zwar von »A« wie Auftischen bis »Z« wie Zubettgehen.

Zu jedem Menü gibt es jeweils:

EINE MENÜKARTE,
die Sie nach Wunsch kopieren, farbig malen oder veredeln, abschreiben oder auch unter den Tisch fallen lassen können. Sie können das Menü auch am Abend in die Tischdekoration integrieren.

EINE EINSTIMMUNG
zum Ankitzeln Ihrer Geschmacksnerven und Ihrer übrigen Reizleitungen sowie als Entscheidungshilfe, welches der Menüs Sie für Ihren Verwöhnabend auswählen.

DIE REZEPTE
Jedes Menü besteht aus: Vorspeise, Zwischengericht, Hauptspeise und Dessert. Die einzelnen Rezepte sind verständlich und unterhaltsam verfasst und bieten zudem

jeweils ein alternatives Hauptgericht zum Variieren. Alle Gerichte sind leicht nachzukochen und werden durch ihre Finesse Gaumenkünstler wie Herzensbrecher gleichermaßen begeistern. Verblüffende Tipps (*Gabriellas Secrets* und *Good to know*) zum praktischen Vorgehen erleichtern die Angelegenheit zusätzlich.

DIE GETRÄNKE-EMPFEHLUNGEN
Empfangscocktails vom Star-Mixer Ernst Lechthaler und Weinempfehlungen vom Wein-Profi Ludwig Fienhold runden Ihr Dinner ab.

DIE TISCHDEKORATION
Umwerfende Ideen, die verblüffend einfach nachzumachen sind und sich nicht in erster Linie um (teures) Porzellan und (zerbrechliche) Gläser drehen, sondern um Materialien, die man daheim hat oder ohne großen Aufwand beschaffen kann. Da das Auge bekanntlich mitisst und der Mensch zwei davon hat, gibt es zur Auswahl jeweils zwei Anregungen für verblüffende und preiswerte Dekorationen, die auch von Ungelernten ohne weiteres nachzuvollziehen sind. Alle Ideen lassen auch das schlichteste Geschirr in bezauberndem Licht erstrahlen.

EINE EINKAUFSLISTE,
auf der die gesamten Zutaten für das komplette empfohlene Menü (ohne Alternativ-Hauptgang) zusammengestellt sind. Sie dürfen sich also das Zusammenzählen der Eier, Zwiebeln und Knoblauchzehen getrost ersparen.

EINEN TIME TABLE
Planung ist alles: Schließlich sollen Sie *ihn* und nicht sich selbst verrückt machen. Ich gebe Ihnen einen perfekt »ge-

timten« Zeitplan an die Hand, mit dem Sie am Abend völlig entspannt, perfekt gestylt und gut gelaunt die Tür öffnen und wie mit links ein super Dinner hinzaubern, so dass Ihnen genügend Zeit für das eigentliche Ziel bleibt. Auch nervösen oder nicht ganz geübten Amazonen am Herd garantiert der Zeitplan: null Stress.

TIPPS FÜR »THE DAY AFTER«
Der überraschende Abschluss Ihrer Einladung: ein Frühstück im Bett … passend zum Menü vom Vorabend.

Im dritten Teil finden Sie jede Menge allgemeine Küchentricks und -tipps – und ein kleines Extra-Kapitelchen über die legendäre Tiefgarmethode und alles, was Sie für die Zubereitung von Fleisch, Geflügel und Fisch wissen müssen.

Übrigens: Zu akribisch alles vorzubereiten kann auch Stress bedeuten. Darum nehmen Sie es ganz spielerisch, unverkrampft und locker. Das Wichtigste ist, dass Sie Spaß haben. Dann wird er Sie auf Händen tragen.

# *Verführung al dente*

## *Italienisches Menü*

VORSPEISE
***Insalata rucola con pomodori secchi e pinoli***
*Rucola-Salat mit getrockneten Tomaten und Pinienkernen*

ZWISCHENGERICHT
***Tortelloni ripieni di ricotta e spinaci con calderelli***
*Tortelloni mit Ricotta-Spinatfüllung auf Austernpilzsauce*

HAUPTGANG
***Pollo alla diavola con salvia***
*Salbeihähnchen mit Chili*

*oder:* ***Rolacine di vitello con passato di verdura***
*Kalbsröllchen an Gemüse-Jus*

DESSERT
***Gelato al caffé***
*Espressoeis*

## *Zur Einstimmung*

Scusi, meine Damen, aber mit Ihrer Menü-Wahl haben Sie sich bereits auf den ersten Biss zu erkennen gegeben! Sie haben einen Stoffel zum Essen eingeladen, obwohl Sie sich in Wahrheit einen Latin Lover wünschen … Macht nix, dafür gibt's ja dieses Rezept, das die perfekte Verführung »al dente« garantiert. Anders ausgedrückt: Echter Büffelmozzarella macht aus jedem Bullen einen Mann.

Schon Goethe hat das »Land, wo die Zitronen blühen« hingebungsvoll verewigt. Auch Marcel Boulestin hat dem Volk der Caprifischer auf den Teller geschaut und kam zu der Erkenntnis: »Friede und Glück beginnen geographisch da, wo Knoblauch in der Küche verwendet wird.«

Gottlob gibt es neben der mitunter etwas einsam machenden Knolle, die, zu zweit genossen, dank ihrer Folgen auch schon wieder etwas Verbindendes hat, noch viel mehr über Italiens unvergleichliche Küche zu berichten, denn so vielfältig wie das Land, so abwechslungsreich sind auch seine Essgewohnheiten. Norditaliener bevorzugen Wild, Trüffel und Butter, Süditaliener lieben Fisch, Olivenöl und knackige Tomaten, Südtiroler vergöttern Knödel und Kastanien – und irgendwo zwischen Bozen und Bari verstecken sich auch noch Risotto, Bresaola, Formaggio und Gelato. Gemeinsam ist allen Stiefelbewohnern die unverwechselbare Fähigkeit, jedes noch so schlichte Mahl über Stunden hinweg als soziales und kulinarisches Ereignis zu zelebrieren, bestehend unter anderem aus Antipasti (Vorspeisen), Primi (Suppe und/oder Nudeln), Secondi (Hauptgericht), Formaggio (Käse), Dolci (Dessert), Frutta (frisches Obst) und einem Digestivo (Verdauungsschnäpschen) und dem Caffé (Espresso). Va bene¿ Si, va molto bene!

Doch was wäre »Bella Italia« ohne den berühmten Vino¿! Beim italienischen Menü ist »Schlucken« erlaubt, denn Sie und Ihr bello ragazzo befinden sich in bester Gesellschaft: Weltweit ist Italien das Weinland Nummer 1! Mehr Rebensaft als in Rodolfo Valentinos Heimat wird nirgends auf der ganzen Welt produziert und getrunken. Wenn das kein Grund zum Anstoßen ist …

Doch attenzione! Zu viel vino rosso törnt genauso ab wie verkochte Spaghetti mit Ketchup. Und Sie wollen doch nicht wirklich bis zum nächsten Italienurlaub auf die Amore warten …¿

*Vorspeise*

# *Insalata rucola con pomodori secchi e pinoli*

*Rucola-Salat mit getrockneten Tomaten und Pinienkernen*

*Vorbereitung: 20 Min. / Zubereitung: 5 Min.*

## Die Zutaten

***Salat:***

100 g Rucola, 4–6 getrocknete Tomaten (in Olivenöl), 2 EL Pinienkerne

***Dressing:***

2 EL Balsamico-Essig, 1 EL Rotwein, 1 Spritzer Zitronensaft, Meersalz, Pfeffer aus der Mühle, 1 Messerspitze Zucker, 2 EL Olivenöl

## Und los geht's

Den Rucola-Salat putzen, waschen und trocknen. Sollten Sie keine Salatschleuder haben, können Sie die Blätter auch mit Küchenpapier sanft abtupfen. Danach die großen Blätter mundgerecht zerpflücken. Nicht vergessen – zu große Blätter ruinieren den Lippenstift. Die getrockneten Tomaten fein schneiden. (Achtung: Die Tomaten müssen bereits fachgerecht eingelegt sein. Probieren Sie also keinesfalls ausgerechnet jetzt die im Urlaub gekauften pomodori secchi aus!)

Erst kurz vor dem Servieren die Pinienkerne in einer Pfanne ohne Öl hellbraun anrösten. Aber aufpassen: Die kleinen Dinger sind schneller angekohlt, als Sie gucken können.

Nun – außer dem Öl – alle Zutaten für das Dressing in eine Schüssel geben und mit dem Schneebesen aufrühren, bis sich das Salz aufgelöst hat. Erst dann das Öl zugeben und einrühren.

### Anrichten

Den Rucolasalat und die Tomatenstreifen vorsichtig mit dem Dressing vermengen und schön locker auf dem Teller platzieren. Merke: Klein, aber fein soll es wirken! Die noch warmen Pinienkerne darüber streuen – pronto! Sofort servieren, damit die Salatblätter nicht labbrig und die Pinienkerne nicht kalt werden.

### Gabriellas secrets

Der Geschmack Ihres Dressings hängt ganz stark von den verwendeten Produkten ab. Gute Ware ist immer etwas teurer. Billiges Öl hat kein Aroma und billiger Essig hat außer einer unangenehmen Säure nichts zu bieten. Sie aber wollen glänzen – also avanti zum Feinkost-Italiener. Leisten Sie sich zur Feier des Tages mal ein besonderes Öl und einen guten Essig. Sie werden es nicht bereuen.

### Good to know

Rucola ist ein richtiger Trendsalat geworden. Mittlerweile können Sie ihn das ganze Jahr über kaufen. Früher war er in Deutschland unter dem Namen »Rauke« bzw. »Ölrauke« sehr beliebt. Er geriet dann aber in Vergessenheit und erst die Italiener verhalfen ihm wieder zu seinem heutigen Platz in der modernen Küche. Rucola gibt es in zwei Variationen: Der milde wird gezüchtet, hat breitere Blätter und schmeckt angenehm mild, der wilde schmeckt etwas herzhafter und leicht bitter. Wählen Sie ganz nach Ihrem Geschmack aus. Als Krönung passt ein wenig frisch geriebener Parmesankäse hervorragend. Sie können den Parmesan auch mit dem Spar- oder Trüffelschäler in hauchdünne Späne hobeln und einfach in einem kleinen schönen Schälchen separat auf dem Tisch anbieten.

Noch ein Wort zum Thema Salat:

Behandeln Sie bitte alle Salate so, wie Sie auch Ihren Gast behandeln: mit größter Sorgfalt. Aber beachten Sie: Ihren Gast dürfen Sie später gerne stark drücken – nicht so jedoch die Salatblätter, die man im Übrigen auch nur kurz wässern darf (während man den Gast ja gegebenenfalls sogar mit in die Badewanne nehmen kann ...).

Salate aus dem Waschwasser in ein Sieb heben, nicht *mit* dem Wasser in ein Sieb schütten. Schmutz und Sand setzen sich am Boden der Waschschüssel ab und sollten dort auch bleiben. Achten Sie darauf, daß der Salat immer relativ trocken ist, ehe Sie ihn mit dem Dressing mischen, sonst schmeckt er verfälscht oder wässrig.

*Zwischengericht*

# *Tortelloni ripieni di ricotta e spinaci con calderelli*

## *Tortelloni mit Ricotta-Spinatfüllung auf Austernpilzsauce*

*Vorbereitung: 1 1/2 Std. (inkl. 1 Std. Ruhezeit) / Zubereitung: 15 Min.*

### Die Zutaten

***Teig:***
100 g Weizenmehl, 1 kl. Ei, 2 EL lauwarmes Wasser, Meersalz, 1 TL Olivenöl

***Füllung:***
50 g Spinat, 1 EL Butter, 70 g Ricotta, 1 Schalotte in feinen Würfeln, 1 Eigelb, 20 g frisch geriebener Parmesan, 1 TL Anislikör (Pernod/Ouso/Ricard), Meersalz, Pfeffer aus der Mühle, Muskatnuss

***Sauce:***
50 g Austernpilze, in Streifen geschnitten, 1 Schalotte in feinen Würfeln, 2 EL Weißwein, 2 EL Kalbsfond (oder Geflügelfond), 1/8 l Sahne, 1 EL Olivenöl, Meersalz, Pfeffer aus der Mühle

### Und los geht's

Diesen Teig zuzubereiten macht besonders viel Spaß, wenn Sie sich dabei vorstellen, Sie massierten Ihren Liebsten. Lachen Sie nicht, probieren Sie's lieber aus!

Die Zutaten für den Nudelteig in eine Schüssel geben,

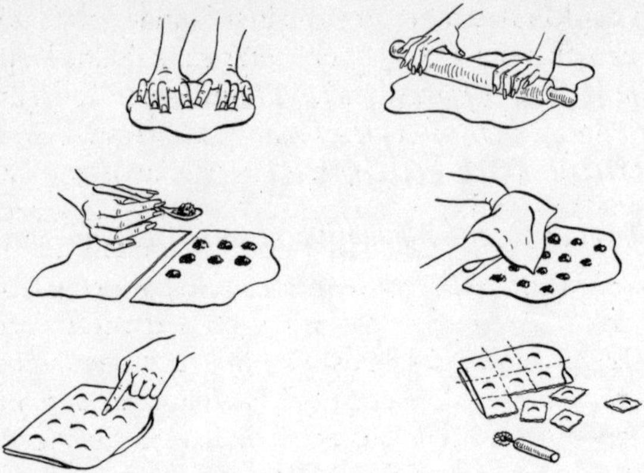

zunächst mit dem Holzlöffel und dann mit den bloßen Händen zu einem festen, glatten Teig verarbeiten. (Na¿ Verstanden, was ich meinte¿)

In Klarsichtfolie gehüllt mindestens eine Stunde bei Zimmertemperatur ruhen lassen. Mein Tipp: Die richtige Konsistenz ist erreicht, wenn Ihnen der Teig zu fest vorkommt. Keine Sorge, nach dem Ruhen wird er um einiges geschmeidiger sein.

Währenddessen haben Sie genügend Zeit, um die Füllung vorzubereiten:

Sie heizen eine große Pfanne leicht vor, lassen darin die Butter schmelzen und dünsten die Schalottenwürfel glasig an.

Nun den geputzten, gewaschenen Spinat zugeben, leicht salzen und ca. 1 Minute garen, bis er zusammenfällt und dunkelgrün wird. Die Pfanne vom Herd nehmen und das Ganze auskühlen lassen.

Anschließend lassen Sie den Spinat abtropfen, bevor Sie ihn grob hacken und in einer Schüssel mit den übrigen Zutaten vermengen und abschmecken.

Nach der Mindestruhezeit von einer Stunde geht's wieder an den Nudelteig. Sie können jetzt ganz deutlich spüren, wie er sich verändert hat. Ich finde, der Teig fühlt sich sensationell an, wenn man ihn jetzt anfasst.

Sollten Sie stolze Besitzerin einer kleinen mechanischen Nudelmaschine sein, ist alles Weitere jetzt tatsächlich ein Kinderspiel. (Die Tricks hierzu finden Sie auf Seite 233.) Wenn nicht, greifen Sie zum Teigroller (Nudelholz) – das stärkt ohnehin die Arm- und Brustmuskulatur.

Den Teig in einer Nudelmaschine oder mit dem Nudelholz dünn ausrollen. Die entstandene Teigplatte auf einer bemehlten Arbeitsfläche auslegen. Halbieren Sie die Fläche nun mit einem scharfen Messer der Länge nach. Sie haben jetzt ein Unterteil, auf das gleich die Füllung gesetzt wird, und einen Deckel zum Drauflegen. Das Unterteil von der Mitte her in Abständen von ca. 6 cm mit gut teelöffelgroßen Häufchen der Ricottafüllung besetzen und die andere Teighälfte darüber klappen. Einen Rand von ca. 6 cm freilassen. Alle Zwischenräume um die Füllung rundherum gut festdrücken. Ganz wichtig: Auch zwischen den einzelnen Häufchen andrücken, sonst fällt Ihnen beim Kochen die ganze Pracht auseinander. Die Tortelloni mit einem gezackten Teigrädchen oder mit einem Messer viereckig ausschneiden. (Alternativ hierzu noch ein Tipp auf Seite 234.) Ganz vorsichtig auf ein schönes Küchentuch nebeneinander setzen und beiseite stellen. (Übrigens: Sie werden feststellen, dass Teig übrig bleibt, wenn die Füllung verbraucht ist. Das hat seine Richtigkeit – s. u. »Gabriellas Secrets«.)

Da Sie diesen Gang »live« (und gerne mit staunendem »Ein-Mann-Publikum«) zubereiten, ist es besonders erstrebenswert, dass die Tortelloni fertig präpariert sind, um dann nur noch ins Kochwasser zu flutschen.

Wenn's dann abends so weit ist, die Tortelloni in reichlich sprudelndem, gesalzenem Wasser ca. 3 Minuten stark kochen, Temperatur herunterschalten und in 7–10 Minuten sanft gar ziehen lassen. Lassen Sie dabei den Deckel auf dem Topf, denn sonst gart nur die untere Hälfte. Danach die Tortelloni mit einer Schaumkelle herausheben und abtropfen lassen.

Während die Tortelloni garen, beginnen Sie mit der Zubereitung der Sauce: Auch hier sollte schon alles griffbereit stehen. Alle Zutaten sind vorbereitet und abgemessen – das sieht nicht nur ungeheuer professionell aus, sondern vermeidet auch ungastliche Hektik.

Die Pfanne vorheizen, das Olivenöl angießen und die Schalottenwürfel glasig dünsten. Jetzt geben Sie die Austernpilze dazu und braten diese unter Rühren ca. 1 Minute an. Nun den Weißwein angießen und verdampfen lassen. *Dabei unbedingt die Abzugshaube einschalten und/oder das Fenster öffnen.* Möglichst die Frisur nicht genau darüber halten, sonst fällt auch die durch die Feuchtigkeit zusammen. Jetzt den Kalbsfond zufügen und das Ganze aufkochen lassen. Jetzt erst mit dem Schneebesen die Sahne in die Sauce einrühren. Das ist wichtig, sonst gerinnt sie und sieht scheußlich aus. Mit Salz und Pfeffer würzen – finito.

## Anrichten

Die Sauce mit einem Esslöffel in die Mitte der vorgewärmten Teller geben. Die Tortelloni darauf setzen. Den Parmesan am Tisch am besten mit dem Trüffelhobel oder einem Sparschäler über die Tortelloni geben.

## Gabriellas secrets

Keine Angst vor selbst gemachter Pasta. Ich war beim ersten Mal selbst völlig verblüfft, wie einfach das ist. Vertrauen Sie mir, es macht richtig Spaß und ist natürlich etwas ganz Besonderes, wenn Sie erwähnen, dass die Tortelloni à la casalinga sind. Der sensationelle Geschmack wird Sie Ihrem Ziel ein ganzes Stück näher bringen.

Übrigens: Wundern Sie sich nicht, dass Sie zu viel Teig haben. Es war uns nicht möglich, dieses Teigrezept für noch kleinere Mengen anzugeben. (Es gibt nun mal keine halben Eier.) Der Teig lässt sich aber entweder einige Tage lang im Kühlschrank aufbewahren oder auch einfrieren. So können Sie ihn bei der nächstbesten Gelegenheit wieder verwenden. Noch besser: Gleich ein paar Tortelloni mehr fabrizieren und diese dann einfrieren. So haben Sie Munition, wenn's mal schnell gehen soll. Bitte immer gefroren ins Kochwasser geben, nicht vorher auftauen lassen, weil sonst der Teig durchweicht. Dann einfach eine fixe Sauce aus sanft geschmolzener Butter, klein gehacktem frischen Salbei, je nach Laune gerösteten Pinienkernen, Salz und Pfeffer darüber geben und mit frischem Parmesan servieren. Sie brauchen dafür nicht länger als 7 Minuten.

### Good to know

Im Gegensatz zu normalen Nudeln, die bis zum Ende der Garzeit stark sprudelnd gekocht werden müssen, sollten die Tortelloni nach ca. 3 Minuten Garzeit bei schwächerer Hitzezufuhr fertig gegart werden. Dies geschieht, um die Füllung zu schützen. Es wäre doch schade um die ganze Arbeit, wenn Sie hier nicht aufpassen würden.

Wenn Sie geübter im Herstellen von Tortelloni sind, wird der Teig automatisch dünner werden und damit verringern sich auch die Garzeiten.

*Hauptgang*

# *Pollo alla diavola con salvia*

## *Salbeihähnchen mit Chili*

*Vorbereitung: 15 Min. + 1 Std. marinieren / Zubereitung: 30 Min.*

### Die Zutaten

2 Hähnchenbrustfilets oder Maispoularden (ohne Haut je 150 g), 1 unbehandelte Zitrone, 2–4 Chilischoten (je nach Schärfe), 10 Salbeiblätter, Olivenöl, Meersalz, Pfeffer aus der Mühle

***Beilage:***
Gnocchi

### Und los geht's

Sie beginnen mit der Marinade, damit das Hähnchenfleisch in Ruhe ziehen kann:

Ca. 1/3 der Zitronenschale reiben und dann den Zitronensaft auspressen. Chili waschen, halbieren, die Kerne und den Stielansatz entfernen und sehr fein schneiden. Vorsicht, bitte jetzt nicht mehr in die Augen fassen, dann könnte Ihnen kein Make-up der Welt mehr helfen. Meine beste Vorsichtsmaßnahme: Ich schneide Chili und scharfe Peperoni nur noch mit Spülhandschuhen. Sonst brennt jede noch so kleine Verletzung an den Händen wie Feuer!

Salbeiblättchen waschen und fein schneiden. 2 EL Olivenöl, Pfeffer aus der Mühle zugeben und alles gut verrühren. Die Hähnchenbrustfilets ganz sauber von Fett und Sehnen befreien, waschen, trocken tupfen und in die Marinade legen.

Das Fleisch unter mehrmaligem Wenden für mindestens 1 Stunde im Kühlschrank marinieren. Je länger, desto besser – das Fleisch wird immer geschmacksintensiver.

Eine Pfanne mittelstark vorheizen. Die Hähnchenbrustfilets aus der Marinade nehmen, trocken tupfen (sonst spritzt's gehörig), salzen und pfeffern.

Etwas Olivenöl in die Pfanne geben, die Hähnchenbrustfilets pro Seite ca. 1 Minute hell anbraten, die Marinade dazu gießen und die komplette Pfanne für mindestens 20 Minuten bei ca. 65 °C in den vorgewärmten Backofen geben.

### ANRICHTEN

Die Hähnchenbrustfilets schräg aufschneiden, auf vorgewärmte Teller setzen, die Marinade in der Pfanne noch einmal durchrühren und über dem Hähnchenfleisch verteilen. Eventuell mit Salbei und Zitrone garnieren und mit Gnocchi servieren.

### GABRIELLAS SECRETS

Leider sind selbst gemachte Gnocchi sehr arbeitsintensiv. Deshalb meine Empfehlung: Die gute frisch verpackte Sorte vom Feinkost-Italiener tut's auch. Übrigens sind Gnocchi in 2 Minuten servierfertig und stressen überhaupt nicht.

Wenn Sie noch auf eine zusätzliche Beilage Lust haben: Wie wär's mit einem Tomatensalat von geschälten und entkernten Tomaten?

Es ist im Übrigen ein Jammer, ein warmes Gericht auf

einem kalten Teller zu servieren. Es wird dann tatsächlich viel zu schnell kalt. Teller anwärmen können Sie entweder kurz im Backofen oder in Ihrem Geschirrspüler. Neuere Modelle haben sogar eine spezielle profimäßige Teller-Anwärm-Funktion. Ihr Opfer wird sich nicht zum letzten Mal wundern …

### Good to know

Heizen Sie das Koch- und Bratgeschirr immer vor, ohne schon das Öl dazuzugeben. In einer heißen Pfanne gelangt Öl innerhalb weniger Sekunden auf Brattemperatur. Durch das *kurze* Erhitzen bilden sich weniger gesundheitsbedenkliche Stoffe. Außerdem können Sie bei einer »trocken« erhitzten Pfanne die Temperatur notfalls viel besser nach unten korrigieren, als wenn Sie bereits qualmendes Öl darin haben.

Die im Rezept angegebene Garzeit im Ofen von 20 Minuten ist das Minimum. Längere Garzeiten machen das Fleisch noch zarter, ohne es auszutrocknen. Stille Hitze ist übrigens besser als Umluft. (Näheres hierzu im Teil 3 unter »Fleisch«.)

*Alternativer Hauptgang*

# *Rolacine di vitello con passato di verdura*

## *Kalbsröllchen an Gemüse-Jus*

*Vorbereitung: 25 Min. / Zubereitung: 35 Min.*

### DIE ZUTATEN

***Kalbsröllchen:***
150 g Kalbsfilet, 1 kl. Bund glattblättrige Petersilie, 4–6 Sardellenfilets, 30 g Butter, 1 EL Olivenöl, 1 Glas Weißwein, Salz (am besten Meersalz), Pfeffer aus der Mühle

***Sauce:***
1 Schalotte in feinen Würfeln, 1 Knoblauchzehe am Stück, ungeschält, 1 Möhre, geschält (20 g in Würfeln), 1 Stange Staudensellerie (20 g in Würfeln), 1 Tomate, 1 Tasse Kalbsfond (oder Geflügelfond), 1 Rosmarinzweig (ganz lassen) + 2 zur Deko, 1 Lorbeerblatt

***Beilage:***
Ciabatta (italienisches Brot)

### UND LOS GEHT'S

Die Petersilie entstielen, waschen und trocknen, einige schöne Blättchen für die Dekoration zur Seite legen. Nun die Petersilie und die Sardellenfilets zusammen auf ein Brett geben und sehr fein hacken.

Das Kalbsfilet in 4 gleich große Scheiben schneiden und

einzeln flachklopfen. Von beiden Seiten zurückhaltend salzen und pfeffern.

Die fein gehackte Petersilien-Sardellenmischung auf den Schnitzeln verteilen. Die Schnitzel eng zusammenrollen und mit Zahnstochern fixieren.

Eine schwere Pfanne mittelstark vorheizen, Olivenöl und Butter hinzufügen und die Kalbsröllchen darin bräunen. Auf ein Blech oder einen Teller legen und bei 75 °C im vorgeheizten Backofen (stille Hitze) für mindestens 30 Minuten sanft garen.

In der Zwischenzeit bereiten Sie die Sauce zu:

Möhre und Staudensellerie waschen und in kleine Würfel schneiden. Mit den Schalottenwürfeln, der ganzen Knoblauchzehe und dem Rosmarinzweig in derselben Pfanne wie vorher im verbliebenen Bratfett in wenigen Minuten hell anrösten. Nun die gewürfelte Tomate und das Lorbeerblatt dazugeben und mit Wein ablöschen. Den Kalbsfond angießen, alles gut losrühren und 15 Minuten sanft köcheln lassen.

Dann Rosmarinzweig, Knoblauchzehe und Lorbeerblatt entfernen.

Erst abschmecken und dann eventuell mit Salz und Pfeffer würzen.

### Anrichten

Die Kalbsröllchen aus dem Ofen nehmen, den eventuell ausgetretenen Saft in die Pfanne geben. Die Röllchen ganz nach Wunsch aufschneiden und dekorativ auf den vorgewärmten Tellern anrichten.

Die Gemüsesauce auf den Tellern verteilen. Zur Deko einen kleinen Rosmarinzweig verwenden. Als Beilage passt knuspriges Ciabatta-Brot.

### Gabriellas secrets

Fleischscheiben werden besonders flach, wenn sie einzeln zwischen zwei Folien (Gefrierbeutel) mit der flachen Seite eines Fleischklopfers bearbeitet werden.

Die Kalbsschnitzel zurückhaltend salzen, weil die Sardellen beim Erwärmen ordentlich Salz beisteuern.

### Good to know

Es ist nicht ganz einfach, Petersilie vorschriftsmäßig klitzeklein zu hacken. Schon als Kind hatte ich zu große Blätter oder, wenn ich ganz eifrig sein wollte, einen Fingernagel ruiniert. Meine Mutter riet mir trotzdem stets: »Spargel isst man ohne Messer und Petersilie schneidet man nur mit Messer.« Mami, verzeih mir, aber ich habe einen viel besseren Trick:

Die Petersilie von den Stengeln zupfen und in ein ordinäres Wasserglas füllen. Dann die (saubere) Haushaltsschere reinstecken und mit beiden Händen die Schere auf- und zumachen, bis Sie die feinste Petersilie der Welt haben. Dies dauert nicht mal eine Minute und Ihre frisch manikürten Fingernägelchen bleiben heil.

*Dessert*

# *Gelato al caffé*

## *Espresso-Eis*

*Zubereitung: 20 Min. / Gefrieren: 5 Std.*

### Die Zutaten

***Eis:***

2 EL Espressopulver (Instant), 3 Eier, 1/4 l Schlagsahne, 1/4 l Milch, 2–3 EL Zucker, 1 EL Kaffeelikör

***Zur Deko:***

Schokoladenraspel (Bitterschokolade), Kakaopulver, Puderzucker, Kumquat (Mini-Orangen), Orangenkonfitüre (beste Qualität), Minzezweige

### Und los geht's

Eier und Zucker in einen Schlagkessel oder eine Edelstahlschüssel geben und mit dem Handmixer 3–5 Minuten zu einer dicken Creme aufschlagen. Schlagsahne, Milch, Espressopulver und Kaffeelikör aufkochen und in die Ei-Zucker-Creme rühren. Diese Mischung schlagen Sie mit einem Schneebesen über dem heißen Wasserbad auf, bis eine Bindung entsteht (siehe »Gabriellas Secrets«). Anschließend wird die Creme über einem geeisten Wasserbad (tun Sie Eiswürfel ins Wasser!) kaltgerührt.

Nun sind Sie praktisch schon fertig. Probieren Sie doch mal mit dem Finger – ein Traum, nicht wahr? Ich muss mich an dieser Stelle immer selbst bremsen, weil die Creme so verdammt gut schmeckt.

Jetzt aber Finger weg und schnell weitermachen, sonst müssen Sie gleich noch eine Portion zubereiten. Die Creme in einen Tiefkühler oder ins Eisfach stellen und während des Gefrierens immer wieder gut durchrühren, damit sich keine zu großen Eiskristalle bilden.

### Anrichten

Bestreuen Sie das Tellerinnere mit geraspelter Schokolade. Dann den Tellerrand abwechselnd mit Kakaopulver und Puderzucker bestäuben. Mit einem Eisportionierer oder einem Esslöffel jeweils 1 bis 2 Kugeln abrollen und in die Mitte des Tellers setzen. Die Kumquats in Scheiben schneiden, daneben legen und darauf ein wenig von der Orangenkonfitüre geben. Den wunderschönen Teller noch mit einem Minzezweig dekorieren. Diese Nachspeise sieht einfach spitze aus! Das macht Ihnen so schnell keiner nach, wetten?

### Gabriellas secrets

»Rühren, rühren, rühren«, heißt die herkömmliche Methode, um beim Eismachen die Bildung von Klümpchen zu verhindern. Einfacher ist es natürlich, die Eisgrundmasse in einer kleinen *Eismaschine* gefrieren zu lassen. Erstens haben Sie keine Arbeit damit und zweitens wird das Eis – ohne Ihre Aufmerksamkeit zu beanspruchen – wunderbar sahnig. Ich bereite übrigens auch alle Sorbets und Parfaits in meinem Eisautomaten zu.

### Good to know

Die Creme hat die richtige Konsistenz, wenn sie einen Holzlöffel leicht überzieht. Die Profis sagen dazu »zur Rose aufschlagen«. Aber keine Angst, Sie spüren sofort, wenn die Masse perfekt ist. Schließlich kochen Sie ja mit genügend weiblicher Intuition.

Übrigens: Normalerweise sind Instant-Produkte natürlich tabu an einem Abend wie diesem. Hier verwende ich das Pulver nur, weil die Masse mit normalem Espressokaffee viel zu flüssig würde.

Falls Sie's noch nicht bemerkt haben, die »Pflicht« des Abends haben Sie soeben mit Bravour bestanden. Jetzt dürfen Sie sich auf die »Kür« freuen.

### Cocktails all'italiana

*Amoroso*

***Zutaten für 2 Cocktails:*** 2 cl Zitronensaft, frisch gepresst, 2 cl Mandelsirup, 12 cl Ananassirup, 16 cl Grapefruitsaft, 8 cl Aperol (ital. Aperitif auf Rhabarber-Basis), 2 schlanke, hohe Gläser, je zu einem Drittel gefüllt mit crushed ice (gestoßenem Eis)

***Deko:***
2 lange dicke Nudeln/Makkaroni (z. B. Zita 18 pkt.) oder Strohhalm, 2 Schnitze Grapefruit, 2 Zweige frische Minze

Vorab stellen Sie das crushed ice bereit. Wenn Sie stolzer Besitzer einer amerikanischen Eismaschine sind, haben Sie's leicht. Sie müssen nur noch die Gläser zu 1/3 mit dem Eis auffüllen.

Wenn nicht, gibt's – wie immer im Leben – genug Alternativen: Entweder geben Sie die gefrorenen Eiswürfel in den Mixer für Milchshakes, drücken auf »crush« und zerkleinern sie im Handumdrehen. Wenn Sie so gar nichts mit Elektrogeräten anfangen können und mehr auf gute deutsche Handarbeit stehen, können Sie die Eiswürfel auch in ein frisches Geschirrtuch geben, oben zudrehen und mit einer Champagnerflasche draufhauen: Das Eis wird zertrümmert. Noch besser funktioniert es, wenn man die flache Seite eines Fleischklopfers dafür benutzt – sieht nur nicht so mondän aus.

Geben Sie nun sämtliche Zutaten, mit einem cl-Maß abgemessen, in einen Cocktail-Shaker und schütteln alles gut durch. Danach in das mit Eis gefüllte Glas abseihen und mit dem Schnitz Grapefruit und frischer Minze dekorieren.

Als Trinkhalm können Sie passend zum italienischen Menü jeweils eine der dicken, Makkaroni-ähnlichen Nudeln (Zita/18 pkt.) servieren. Oder anstelle dieses Gags natürlich mit einem dicken, nicht knickbaren Trinkhalm servieren.

***Quickie-Variante***
Eine schnelle Variante für einen beliebten italienischen Aperitif ist der »Campari shakerato«. Sie schütteln Campari auf Eis im Shaker und seihen ihn in ein vorgekühltes

Glas ab. Mit einer Orangenschale (Zeste) abspritzen, d. h. nur das Öl kurz ausdrücken, die Schale auf den Drink legen und servieren.

### Weinempfehlungen

Italien ist neben Frankreich das bedeutendste Weinland der Welt. Und es hat sich in den letzten Jahren viel verändert. Ein Billigweinland ist Italien sicher nicht mehr. Edle Tropfen aus Bella Italia sind in jeder Hinsicht kostbar geworden.

Hervorragende Weißweine kommen aus dem Friaul – hier können Sie die ganze Palette von leicht bis schwer, preiswert bis teuer durchkosten.

Ein Beispiel sind die sommerlich duftenden Tropfen von Ronco del Gnemiz (Sauvignon) und Zamò & Zamò (Colle Arabi), (14 bis 17 Mark). Sie streben nach höheren Genüssen? Dann greifen Sie doch zum Spitzenweingut La Castellada, das nicht nur einen delikat nach Vanille, Honig, Birnen, Karamel und Melone schmeckenden Chardonnay anzubieten hat, sondern auch einen hervorragenden Pinot Grigio (beide Barriqueweine zwischen 32 und 38 Mark).

Obwohl das Menü mehr auf Weißwein ausgerichtet ist, werden natürlich auch Rotweinliebhaber bedacht: Entweder Sie gönnen sich einen jugendlich-fruchtigen Morellino di Scansano von der Fattoria le Pupille (16 Mark) oder einen ebenfalls aus der Toskana kommenden, aber ein wenig vitaleren Chianti Classico Riserva der Villa Cafaggio (26 Mark).

Zum Abschluss vielleicht einmal etwas ganz anderes: z. B Prime Uve (aus Riesling)! Im Proseccogebiet erzeugt die attraktive Anna Maschio dieses »Lebenswasser« (Aqua vitae = »Wasser des Lebens«), welches ganz fein und unglaublich traubenfruchtig Ihre Sinne betören wird. Es muss ja nicht immer Grappa sein. Salute!

## TISCHDEKORATION

Ich habe mir für Ihren Schlemmerabend zwei ebenso edel-rustikale wie landestypische Tisch-Dekos ausgedacht, die aus original italienischen Materialien bestehen.

### VORSCHLAG 1

Der erste Vorschlag gestaltet sich in traditionell italienischen Farben.

Damit es nicht touristenmäßig wirkt, greife ich möglichst auf natürliche »Deko-Elemente« zurück.

***Materialien:***

4–5 Steckmooswürfel, 2–3 Basilikumpflänzchen im Topf, Futterstoffe in grün und rot, gemischte Tomaten, Champignons, Kerzen, Teelichter, getrockneter Basilikum

Die Tischdecke wird in diesem Fall durch tiefgrünen und roten Futterstoff ersetzt (ein paar 10 cm breite Streifen für die Basilikumtöpfchen zurücklegen). Den Dekostoff drapieren Sie möglichst üppig über ein paar Steckmooswürfel aus dem Gartenbaumarkt. So bekommen Sie kleine Treppchen hin, die wunderbar plastisch wirken und auf die dann später die Tischdeko gelegt wird. Die Würfel lassen sich mit jedem größeren Messer auf die gewünschten Maße zerschneiden. Ich benutze meist 4–5 Stücke, neben- und übereinander.

Wenn Sie die Grundaufbauten gut verhüllt haben, brauchen Sie lediglich die Basilikumtöpfchen mit ein paar zurückgelegten Stoffresten zu umwickeln und sie mit den anderen Zutaten auf Ihrem Tisch zu arrangieren. Verwenden Sie möglichst verschieden große Tomaten; die dicken immer in die Mitte platzieren, kleinere, z. B. Kirschtomaten mit Sträuchern, an den Rand setzen. Dazu gesellen sich möglichst weiße frische Champignons und mit getrocknetem Basilikum, der partiell verstreut wird, erhebt sich ein sehr anregend italienischer Duft in Ihren heiligen Hallen. Mit Kerzen oder Teelichtern ausdekorieren.

VORSCHLAG 2

Diese Idee – sanft in Beige, Orange und saftigem Grün gehalten – sieht nicht nur sehr witzig aus, sie ist auch wirklich sehr ungewöhnlich.

Wählen Sie eine Tischdecke in einer klaren, hellen Farbe. Ein weißes Tischtuch sieht immer sehr frisch aus, ein cremefarbenes wirkt duftig und leicht.

***Materialien:***

weiße oder hellbeige Tischdecke, Spaghetti (möglichst lange), verschiedene Hartweizennudeln, in verschiedenen Farben, wie: Penne, Makkaroni, Orchiette, Muscheln usw., orange oder grüne Bändchen, Teelichter, kleine weiße, schmale Kerzen, Holzwäscheklammern, 2 viereckige Parmesan-Gemüsereiben aus Metall, Basilikumsträußchen, frische Rosmarin- und Salbeizweige, Terracottatöpfchen für Kräuter, eine gute Flasche Rotwein

Bei dieser Idee wird alles in einer Ebene dekoriert. Platzieren Sie die Basilikumsträußchen in den Terracottatöpfchen schräg nebeneinander auf dem Tisch, daneben die Parmesanreibe. In diese stecken Sie nun ein Teelicht. Sie können sich kaum vorstellen, welch wunderbares Schattenspiel diese Reiben am Abend fabrizieren.

Die Weinflasche macht sich am äußeren Punkt am besten. Nun teilen Sie die Spaghetti in zwei Bündel und binden diese mit den Bändchen in der Mitte zusammen. Drapieren Sie diese Bündel nun schräg zwischen dem Basilikum. Mit kurzen Spaghettis kann man auch wunderbar kleine »Mikadosträußchen« aufstellen. Danach streuen Sie die bunten Nudeln ganz »zufällig« um Ihr Arrangement und dekorieren das ganze Prachtwerk mit Rosmarin- und Salbeizweiglein. Indem Sie die Kerzen in

Holzwäscheklammern befestigen, bekommen sie Standfestigkeit. Einige Lichter in Ihrer Deko verteilen – und dann die Vorfreude auf den Abend genießen.

## Einkaufsliste

(Sollten Sie sich für das alternative Hauptgericht, die Kalbsröllchen an Gemüse-Jus, entschieden haben, ersetzen Sie bitte auf Ihrem Einkaufszettel die hier kursiv gedruckten Zutaten für das Salbeihähnchen durch die Zutaten aus dem Rezept auf S. 49.)

***Fleisch/Fisch:***
*2 Hähnchenbrustfilets (à 150 g)* oder Maispoularden

***Gemüse/Obst:***
100 g Rucola, 50 g Spinat, 1 Knoblauchknolle, 2 Schalotten, 50 g Austernpilze, *10 Salbeiblätter, 2–4 Chilischoten (je nach Schärfe), 2 unbehandelte Zitronen,* 6–8 Kumquats (oder 1 Orange), 2 Minzezweige (zur Deko)

***Feinkost-Italiener/Supermarkt:***
20 g Parmesan zum Reiben, 4–6 getrocknete, bereits eingelegte Tomaten, Pinienkerne, Rotwein (fürs Dressing), Weißwein (für die Sauce), 1 kl. Ciabatta-Brot, 1/8 l Kochsahne, 70 g Ricotta, *1 Pkg. Gnocchi,* 5 Eier, Kalbsfond (oder Geflügelfond), 1/4 l Schlagsahne, 1/4 l Milch, 1 Pkg. Butter, Espressokaffee instant, 1 Glas Orangenkonfitüre, Amarettokekse

***Getränke:***
Weine (siehe »Weinempfehlungen«), Wasser, Cocktailzutaten (siehe Rezept)

***Dekoration:***
Materialien und Zutaten laut Vorschlägen oder nach Wunsch

***Was Sie wahrscheinlich im Haus haben:***
*gutes Olivenöl,* Balsamico-Essig, Meersalz, schwarzer Pfeffer aus der Mühle, Muskatnuss, Zucker, 100 g Weizenmehl, Anislikör (Pernod/Ouso/Rickard), Kaffeelikör (Tia Maria), Schokoladenraspel, Puderzucker, Kakaopulver

## Ihr Zeitplan

***Vormittag:***
Einkaufen.

***Nachmittag:***
- Wein kühlen,
- alle Zutaten abmessen und bereitstellen,
- Espressoeis zubereiten und einfrieren,
- Nudelteig herstellen und gehen lassen,
- Hähnchenmarinade zubereiten und Hähnchenbrustfilets einlegen,
- Nudelfüllung vorbereiten und Tortellonis füllen,
- Dressing zubereiten,
- Rucola putzen und waschen,
- Austernpilzsauce vorbereiten,
- Tisch dekorieren,
- Cocktails vorbereiten,
- Stylen

***Abend:***
- Kerzen anzünden,
- Cocktail anbieten,
- Wasser für Tortelloni aufstellen (kleinste Stufe),
- Salat mischen und servieren,
- Tortelloni kochen und Austernpilzsauce herstellen,
- Nudelwasser heiß halten für Gnocchi,
- Tortelloni servieren,

- Hähnchen braten und im Ofen garen,
- Gnocchi kochen,
- Hauptgang servieren,
- Nachspeisenteller dekorieren,
- Espresso-Eis servieren,
- Kaffee anbieten

# Amour fou

## Französisches Menü

VORSPEISE
**Consommé au Champagne aux croûtons trufflés**
*Champagnersüppchen mit Trüffelcroutons*

ZWISCHENGERICHT
**Filet de sandre avec la sauce à la moutarde de Dijon et des épinards en branches**
*Zanderfilet in Dijon-Senfsauce mit parfümiertem Blattspinat*

HAUPTGANG
**Magret de canard à l'orange aux petites galettes de maïs**
*Rosa gebratene Entenbrust an Orangensauce mit Maisplätzchen*

*oder:* **Chateaubriand aux pommes duchesse et aux navets glacés**
*Chateaubriand mit Herzoginkartoffeln und glasierten Rübchen*

DESSERT
**Crêpes flambées normandes**
*Flambierte Crêpes mit Äpfeln*

## *Zur Einstimmung*

Ich weiß nicht, wie es Ihnen geht, aber ich hatte immer einen Heidenrespekt vor der feinen französischen Küche, denn dieses Land mit seiner eigentümlichen Mischung aus Charme, Snobismus und Stil bietet zwar alles, aber es verzeiht wenig. Wenn Gott in Frankreich gelebt hat, wie Gourmets allerorten behaupten, dann muss er zuvor einen Sprachkurs besucht haben, denn bis heute weigern sich viele Einheimische, etwas anderes zu sprechen als französisch. Doch die »Haute Cuisine« hat ihn gewiss hinreichend entschädigt.

Keine andere Nation kann sich mit so vielen Kochhauben, Löffeln oder Sternchen schmücken. Zwischen Bretagne und Côte d'Azur promoviert jedes Lebensmittel: vom Ei zum Omelette, vom Höhlenpilz zum Champignon, vom Schokoladenpudding zur Mousse, von Keksen zu Petit Fours. Viele der Urfranzosen wie Porree, Endivie, Crêpes oder Chicorée haben sich längst in unseren Sprachgebrauch geschlichen und jeder kennt die legendären Fischspezialitäten wie Bouillabaisse, Belon-Auster oder gar die Coquilles St. Jacques, die Jakobsmuschel.

Doch die französische Küche ist nicht nur extravagant und mondän. Selbst in Paris braucht man lediglich drei Dinge zum Glück: Baguette, Käse und Wein. Und diese drei Dinge dürfen unter gar keinen Umständen fehlen, wenn Sie »Monsieur« zielsicher verführen wollen. Schlichtheit und Raffinesse, Tradition und Geschick, Geschmack und Lebensfreude, diese besondere Würzmischung gehört ins französische Menü wie das viel zitierte Salz in die Suppe.

Sie meinen, da muss es doch noch etwas geben, etwas Prickelndes, einen Schluck Luxus, einen Hauch flüssige Erotik? Bien, am Champagner kommen Sie an diesem

Abend unter keinen Umständen vorbei. Allerdings muss er wirklich Champagner heißen und aus Frankreich kommen. Nichts wirkt aphrodisierender, verführerischer, anregender. Schließen Sie bei jedem Schluck die Augen. So gut kann Sünde schmecken!

Vorspeise

# Consommé au Champagne aux croûtons trufflés

## Champagnersüppchen mit Trüffelcroutons

*Vorbereitung: 10 Min. / Zubereitung: 15 Min.*

### Die Zutaten

***Suppe:***

1/4 l trockener Weißwein, 1/4 l Gemüsebrühe,
1/8 l Schlagsahne, 1 EL Butter, 1 EL Mehl, 1 Glas Champagner,
Pfeffer aus der Mühle, Meersalz

***Trüffelcroutons:***

1 Scheibe Toastbrot, 1 TL Trüffelbutter oder Trüffelöl,
1 EL Butter

### Und los geht's

Die Champagnersuppe, als erster Gang, wird natürlich »à la minute« zubereitet.

Ihr Gourmet wird begeistert sein. Bitte messen Sie wie immer alle Zutaten vorher genau ab. Die Menge ist perfekt berechnet, obwohl man von diesem Gaumenschmeichler noch viel mehr vertragen könnte. Aber Sie sind ja erst am Anfang und wollen sicher nicht schon zu Beginn Ihr ganzes Pulver verschießen.

Bevor Sie die Suppe abends aufsetzen, bereiten Sie nachmittags noch ein paar Kleinigkeiten vor:

*Die Mehlbutter:* Sie verkneten 1 EL Butter und 1 EL Mehl bei Zimmertemperatur miteinander und formen eine kleine Kugel. (Dies ist ein super Trick von Klaus Werner, um Saucen und Suppen ohne Klümpchen zuzubereiten.)

*Die Croutons:* Von der Toastbrotscheibe zuerst die Rinde entfernen, dann den inneren Teil in ca. 1 cm große Würfelchen schneiden. In einem abgedeckten Schälchen beiseite stellen.

Die Zubereitung des Süppchens kann dann abends regelrecht zelebriert werden: Dauer der Zubereitung: ca. 15–20 Minuten. Zuerst den Weißwein in einem Topf aufkochen, dann die Gemüsebrühe angießen und auf die Hälfte einkochen. Anschließend die Sahne zufügen, ganz zärtlich und sanft einrühren und alles nochmals 10 Minuten köcheln lassen.

Währenddessen die Toastbrotwürfel in einer Pfanne ohne Zugabe von Öl vorsichtig hellbraun rösten, dann die Trüffelbutter oder das Trüffelöl mit 1 EL Butter in die Pfanne geben und gut mit den Croutons vermengen. Kurz beiseite stellen, aber wenn möglich noch etwas warm halten. Jetzt werden Sie schon das *zweite* Kompliment des Abends ernten, denn der Trüffelduft regt sämtliche Sinne an. (Das erste Kompliment galt natürlich Ihrer umwerfenden Erscheinung, als Sie ihm die Tür öffneten.)

Nun wieder zurück zur Suppe: Zunächst die Hälfte der Mehlbutter mit dem Schneebesen in die Suppe einrühren und wiederum 5 Minuten köcheln lassen. Danach die Suppe mit Salz und Pfeffer vorsichtig abschmecken, denn durch den Fond ist sie schon reichlich würzig.

Falls die Suppe zu dünnflüssig sein sollte, rühren Sie einfach den Rest der Mehlbutter ein und lassen das Ganze abermals 5 Minuten sanft köcheln.

### Anrichten

Die Suppenteller haben Sie im vorgeheizten Backofen oder in der Spülmaschine angewärmt. Im allerletzten Moment vor dem Servieren den Champagner in die Suppe gießen und diese dann sofort auf die Teller verteilen, sonst verfliegt das verführerische Bizzeln.

Trüffelcroutons am Tisch getrennt reichen, sie weichen sonst zu schnell in der Suppe auf und schmecken dann nur noch halb so gut.

### Gabriellas secrets

Eigentlich halte ich nicht besonders viel von der angeblich aphrodisierenden Wirkung gewisser Zutaten. Ich verlasse mich eher auf die anregende Wirkung meiner eigenen Person. Mit dem richtigen Augenaufschlag, einer sehr femininen Bewegung und einer zärtlichen Berührung kommen Sie hundertmal weiter. In diesem Fall bestätige ich aber gerne, dass Ihre Sinnlichkeit mit dem angenehmen Duft von Trüffel und dem Bizzeln von edlem Champagner vortrefflich harmoniert.

### Good to know

Bei sämtlichen Rezepten, die die Verwendung von Trüffeln vorsehen, können Sie ohne schlechtes Gewissen auch die preiswertere Trüffelbutter verwenden. Sie wird immer aus frischen Trüffeln hergestellt, die z. B. zu klein sind oder bei denen eine Ecke abgebrochen ist. Darum ist die Butter nicht als minderwertig einzustufen. Ganz im Gegenteil, in der Regel ist die Trüffelbutter mit einem viel stärkeren Aroma ausgestattet, weil das Aroma im Fett eingeschlossen ist und nicht verfliegen kann. Trüffelbutter kostet ein Zehntel von frischen Trüffeln. Dasselbe gilt auch für gute Trüffelöle. Natürlich gibt es Gerichte, bei denen gehobelter Trüffel unverzichtbar ist. Doch das hat mehr mit der Optik als mit dem Geschmack zu tun.

*Zwischengericht*

# *Filet de sandre avec la sauce à la moutarde de Dijon et des épinards en branches*

## *Zanderfilet in Dijon-Senfsauce mit parfümiertem Blattspinat*

*Vorbereitung: 10 Min. / Zubereitung: 20 Min.*

### Die Zutaten

***Filet:***
300 g Zanderfilet, ohne Haut, 2 EL Butter, 1/8 l trockener Weißwein, 1/8 l Fischfond, 1/8 l süße Sahne, 1 EL Dijon-Senf, grob, Meersalz, Pfeffer aus der Mühle

***Beilage:***
200 g Blattspinat, gründlich geputzt und gewaschen, 1 EL Butter, 1 Knoblauchzehe, in feine Würfel geschnitten, 2 cl Anislikör (Pernod/Ouzo/Ricard), Muskatnuss, frisch gerieben, Meersalz, Pfeffer aus der Mühle

### Und los geht's

Dieses Gericht ist so exquisit, dass es wirklich nur aus Frankreich stammen kann: Zuerst das Zanderfilet von eventuell noch vorhandenen Gräten befreien, kalt abspülen und gut trockentupfen. Dann eine beschichtete (Teflon-) Pfanne mittelstark vorheizen. Das Zanderfilet währenddessen von beiden Seiten salzen und pfeffern.

Nun die Butter in der Pfanne schmelzen lassen und das Zanderfilet pro Seite je 1 Minute braten. Danach sofort die Pfanne vom Herd nehmen und den Fisch zugedeckt für 5 Minuten in der Pfanne nachgaren lassen.

Anschließend vorsichtig aus der Pfanne nehmen und bei 60 °C im Backofen warm stellen. *Pfanne nicht abspülen!!!*

Bitte achten Sie darauf, dass das zarte Fischfilet beim »Umbetten« nicht zerfällt. Das wäre sehr schade, weil es als Ganzes viel appetitlicher aussieht. Also ganz zärtlich, meine Damen. Ich empfehle Ihnen, die Fischfilets gleich auf die Teller zu geben und so im Backofen warm zu halten. So können Sie sich ein erneutes Risiko beim nochmaligen Anrichten ersparen. Und Ihre Teller sind auch schon ordentlich vorgeheizt.

Fischfond und Wein in derselben Pfanne bei hoher Temperatur auf ca. 1/3 der Menge einkochen.

Nun die Sahne ebenfalls sprudelnd einkochen, vom Herd nehmen, den Dijon-Senf einrühren und mit Salz und Pfeffer abschmecken. Die Sauce nun sanft warm halten. Ihr Chéri freut sich übrigens bestimmt, wenn Sie ihn beim Abschmecken um seine Meinung bitten. Und er kann sich schon mal daran gewöhnen, wie lieb Sie ihn in Zukunft einbeziehen werden – damit er sich auch mal revanchieren kann.

Jetzt zum Spinat: Er muss gründlich gewaschen, d. h. mehrfach in frischem Wasser gespült werden, damit Sand und anderes sich am Boden absetzen kann.

Einen Topf vorheizen, die Butter darin schmelzen lassen und die Knoblauchwürfel glasig dünsten. Ein wenig Salz, Pfeffer und Muskatnuss dazugeben. Die tropfnassen Spinatblätter in den Topf geben und ohne weitere Zugabe von Wasser so lange unter Rühren garen, bis die Blätter dunkelgrün werden und »erschöpft zusammenfallen«.

Den Spinat mit einer Schaumkelle kurzfristig aus dem Topf nehmen und warm stellen. Den Anislikör in den Topf zum Kochsud geben und bei starker Hitze einkochen, bis die Flüssigkeit fast völlig verdampft ist.

Achtung, meine Lieben, Frisur wieder vor dem aufsteigenden Dampf retten und, falls vorhanden, unbedingt die Abzugshaube einschalten oder das Fenster öffnen. Den Spinat zurück in den Topf geben, das Ganze durchrühren und abschmecken.

## Anrichten

Die vorgewärmten Teller vorsichtig, ohne sich die Finger zu verbrennen, aus dem Ofen nehmen und den parfümierten Spinat neben die Fischfilets legen. Die Dijon-Senfsauce noch einmal gut durchrühren und über die Fischfilets gießen.

## Gabriellas secrets

Manche Fische, wie z. B. Zander, sind nach dem Garen extrem empfindlich und mögen es gar nicht, wenn sie »umgebettet« werden. Gerade längere Filets zerbrechen dann sehr schnell. Dies können Sie aber durch einen Trick verhindern: Sie müssen den Fisch nur vor dem Braten »mehlieren«, d. h. erst ganz normal salzen und pfeffern, dann das Filet in Mehl legen und dieses aber nun sehr gut abklopfen. Achten Sie darauf, daß der Fisch gut trocken ist, sonst bindet die Feuchtigkeit zu viel Mehl. Es darf wirklich nur ein Hauch von Mehl am Fisch verbleiben.

GOOD TO KNOW

Das angenehme Aroma hochwertiger Senfsorten, vorzugsweise von Dijon-Senf, wird durch starke Hitzezufuhr zerstört. Dabei verändert sich der Geschmack eher ins Unangenehme.

Bei Senfsaucen mit gutem Senf sollten Sie immer die Sauce vom Feuer nehmen und den Senf erst kurz vor dem Servieren einrühren.

*Hauptgang*

# *Magret de canard à l'orange aux petites galettes de maïs*

## *Rosa gebratene Entenbrust an Orangensauce mit Maisplätzchen*

*Vorbereitung: 20 Min. + 30 Min. Ruhezeit / Zubereitung: 25 Min.*

### DIE ZUTATEN

***Entenbrust:***
2 Entenbrüste (je ca. 200 g), Meersalz, Pfeffer aus der Mühle, 1 EL Pflanzenöl

***Orangensauce:*** ,
Saft von 2 Orangen, 1/8 l Geflügelbrühe, 25 g Butter

***Maisplätzchen:***
1 Tasse Mais (frisch, tiefgekühlt oder aus der Dose), 1 Ei, 1 TL Olivenöl, 2 EL Milch, 2 EL Mehl, Meersalz, Pfeffer aus der Mühle, Muskatnuss, frisch gerieben, Öl zum Ausbacken

### UND LOS GEHT'S

Stellen Sie alle Zutaten abgemessen und griffbereit in Herdnähe. Sie beginnen mit der Vorbereitung der Ente:

Befreien Sie die Entenbrüste zuerst von der Haut (s. u. »Good to know«) und würzen Sie das Geflügelfleisch auf beiden Seiten mit Salz und Pfeffer. (Stellen Sie die Haut zugedeckt beiseite, denn sie wird erst kurz vor dem Servieren kross ausgebraten und gewürzt.)

Nun eine ausreichend große Pfanne mittelstark vorheizen, dann etwas Öl in die Pfanne geben und beide Entenbrüste von beiden Seiten hellbraun anbraten.

Anschließend wird das Fleisch medium gebraten. Sie haben hierzu zwei Möglichkeiten: Entweder lassen Sie es bei 200 °C für ca. 2–3 Minuten im vorgeheizten Ofen weitergaren oder Sie braten es unter ständigem Wenden in der Pfanne für ca. 4–5 Minuten Es ist wichtig, dass die Entenbrüste in der Mitte noch einen rohen Kern haben, denn nur so können sie anschließend bei ca. 65–70 °C in mindestens 20 Minuten sanft zum idealen Garpunkt gelangen. Bei dieser Temperatur dürfen die Entenbrüste übrigens problemlos bis zu 1 Stunde vor sich hingaren. Zu Ihrer Planung also: Das Geflügelfleisch kurz vor dem Zwischengericht (Zander) in die Röhre schieben. Dann ist es zum Hauptgang perfekt.

Für die Orangensauce wird der frisch ausgepresste Orangensaft mit der Geflügelbrühe aufgekocht und durch Köcheln auf ca. ein Drittel der Menge reduziert. (Dafür benötigen Sie ca. 15 Minuten) Danach sollten Sie die Butter einrühren und alles noch einmal kurz aufkochen lassen. Je nach Geschmack eventuell nachwürzen.

Die Maisplätzchen können Sie auch schon vor dem Eintreffen Ihres Liebsten vorbereiten: Sie halbieren die Menge der Maiskörner. Eine Hälfte pürieren Sie mit allen anderen Zutaten (Ei, Öl, Milch, Mehl, Gewürze) mit einem Zauberstab oder einem Mixer. Die andere Hälfte der Maiskörner heben Sie im Ganzen unter den Teig.

Nun den Teig mindestens 30 Minuten ruhen lassen.

Ca. 15 Minuten vor dem Servieren am Abend beginnen Sie damit, die in Streifen geschnittene Entenhaut in einer gut vorgeheizten Pfanne ohne Zugabe von Fett ganz knusprig auszubraten. Das austretende Fett immer wieder abschöpfen. Das Ganze noch mit Salz und Pfeffer würzen: Endlich mal eine leckere Art, die sonst vor Fett triefende Entenhaut ganz appetitlich und fein zu genießen.

Gleichzeitig wird der vorbereitete Maisteig bei niedriger Temperatur in einer beschichteten Pfanne in kleinen Plätzchen gebacken – pro Plätzchen ca. 1 EL Teig. Sie brauchen dafür pro Seite ca. 1 Minute. Also diese Beilage erst ganz zum Schluss zubereiten, dann sind die leicht süßlichen Maisplätzchen auch noch richtig heiß.

### Anrichten

Zum Servieren die Entenbrüste aus dem Ofen nehmen, schräg aufschneiden und in die Tellermitte legen. Dann die Orangensauce angießen und die kross gebratene Entenhaut über die aufgeschnittenen Entenbrüste verteilen. Zum Schluss noch die kleinen Maisplätzchen am Tellerrand anlegen. Voilà.

### Gabriellas secrets

Sollten Sie wie ich etwas sämigere Saucen bevorzugen, dann können Sie die Orangensauce mit etwas Mehlbutter nachbinden. Sie erinnern sich: Mehl und Butter zu gleichen Teilen zimmerwarm verkneten, wie beim Champagnersüppchen. Ich bereite diese Sauce immer sehr großzügig zu, damit ich bei entsprechender Nachfrage (und die kommt immer …) noch ein wenig nachreichen kann.

### Good to know

Das Lösen der Entenhaut lässt sich ganz einfach bewerkstelligen. Die erste Hälfte lässt sich leicht mit den Fingern abziehen, danach »säbeln« Sie mit einem Messer ganz langsam an der Haut entlang, um die andere Hälfte zu entfernen. Dazu eignet sich am besten ein Ausbeinmesser, das ist ein Messer mit einer rund geformten Spitze.

*Alternativer Hauptgang*

# *Chateaubriand aux pommes duchesse et aux navets glacés*

## *Chateaubriand mit Herzoginkartoffeln und glasierten Rübchen*

*Vorbereitung: 50 Min. / Zubereitung: 15 Min. + 1,5 Std. Tiefgarzeit*

### DIE ZUTATEN

***Chateaubriand:***
300 g Rinderfilet, Meersalz, Pfeffer aus der Mühle, 2 EL Öl, 100 ml Madeira, 100 g weiche Butter, 1 TL Estragon, fein gehackt, 1 EL Petersilie, fein gehackt

***Herzoginkartoffeln:***
250 g mehlig kochende Kartoffeln, 1 1/2 EL Butter, Meersalz, Pfeffer aus der Mühle, Muskatnuss, frisch gerieben, 3 Eigelb

***Glasierte Rübchen:***
400 g längliche weiße Rübchen (ersatzweise runde weiße Rübchen oder Möhren), 3 EL Butter, 1 TL Zucker, Meersalz

### UND LOS GEHT'S

Chateaubriand ist *das* klassische französische Gericht, mit dem Sie bei Liebhabern der traditionellen französischen Küche ganz sicher nicht nur auf offene Augen, sondern erst recht auf offene Münder stoßen werden. Von Herzen ganz zu schweigen.

Die französische Küche setzt hohe Ansprüche und

weckt Erwartungen, denen Sie sicherlich gerecht werden möchten. Zwar klingt alles immer wahnsinnig schwierig, kunstvoll und Respekt einflößend. Dass alles aber nur halb so schlimm ist, beweist dieses Rezept.

Auf jeden Fall sollten Sie alle Zutaten meisterlich vorbereiten, d. h. die Rübchen besonders sorgfältig schälen, die Kartoffeln makellos aufs Blech spritzen etc. – und sich vor allem möglichst akribisch an die folgenden Vorgaben und Verarbeitungstipps halten. Dann kann wirklich nix passieren. Versprochen!

Die Herzoginkartoffeln lassen sich hervorragend präparieren, die vorbereiteten Rübchen brauchen Sie am Abend nur noch zu kochen.

Die Kartoffeln werden geschält, gewaschen und in Würfel geschnitten. Möglichst gleich große Würfel garantieren gleichmäßiges Garen. Das Ganze in einen Topf geben und mit kaltem Wasser bedecken. Leicht salzen, aufkochen und ca. 20 Minuten garen. Anschließend das Wasser abgießen und die Kartoffeln durch eine Kartoffelpresse drücken. Die Kartoffelmasse nun in eine kalte Pfanne streichen, die Pfanne bei schwacher Wärmezufuhr auf den Herd stellen und so viel Dampf wie möglich entweichen lassen. Dabei vorsichtig mit einem Holzlöffel umrühren, damit nichts ansetzt oder anbrennt. Wenn die Masse recht trocken ist, nehmen Sie die Pfanne vom Herd und rühren die Butter unter. Jetzt noch mit Salz, Pfeffer und Muskatnuss abschmecken, die beiden Eigelbe unterziehen und die Masse etwas abkühlen lassen.

Das übrige Eigelb wird mit 1 TL Wasser in einer Tasse verrührt. Legen Sie ein Backblech mit Backpapier aus und füllen Sie den Kartoffelteig in einen Spritzbeutel mit Sterntülle. Versuchen Sie nun möglichst gleichmäßige, ca. 4 cm hohe Häufchen aufs Blech zu spritzen (Durchmesser Mark- bzw. Eurostückgröße). Am Schluss bestreichen

Sie Ihre kleinen Kunstwerke mit dem verquirlten Eigelb und decken die Herzoginkartoffeln bis zum Überbacken am Abend mit einer Folie ab.

Kurz bevor das Fleisch fertig ist, heizen Sie den Backofen auf 220 °C vor, entfernen die Folie und backen die Herzoginkartoffeln in ca. 15 Minuten goldbraun.

Die glasierten Rübchen sind auch blitzschnell gemacht. Zuerst schälen, waschen und trockentupfen. In einer mittelstark vorgeheizten Pfanne lassen Sie nun die Butter schmelzen und braten die Rübchen ca. 5–7 Minuten bei mittlerer Hitze.

Jetzt wird glasiert: Sie nehmen den Zucker und das Salz, bestreuen die Rübchen damit und rühren besonders gut durch. Nun sollte dieses feine Gemüse noch etwa 5 Minuten weitergaren, bis die Rübchen eine schöne goldgelbe Farben haben. Achten Sie darauf, dass sie nicht zu weich werden: Die Rübchen sind perfekt, wenn sie immer noch Biss haben. Bei Bedarf können Sie während des Garens noch etwas Wasser zugießen.

Und nun das Rezept für das Chateaubriand:

Stellen Sie alle Zutaten abgemessen bereit. Nun heizen Sie den Backofen auf 75 °C vor. Das Filet wird gewaschen und trockengetupft und mit Salz und Pfeffer eingerieben. Danach wird eine schwere Pfanne stark erhitzt, in der Sie dann das Öl heiß werden lassen.

Das Filet zuerst an den Schnittflächen für jeweils eine halbe Minute anbraten. Anschließend das Fleisch der Länge nach in die Pfanne legen und insgesamt ca. 6–8 Minuten von allen Seiten anbraten.

Das rundum angebratene Fleisch kommt nun auf die Fettpfanne des Backofens und diese dann in den vorgeheizten Ofen. Dort bleibt das Filet dann für (mindestens) 1,5 Stunden bei 75 °C und hat alle Zeit der Welt, sich ganz sanft zu einem Gaumenschmeichler zu entwickeln.

Währenddessen stellen Sie eine Kräuterbutter her:

Dazu brauchen Sie wieder die Pfanne, in der Sie das Fleisch angebraten haben. Schütten Sie das Bratfett weg und kochen Sie den Bratensatz mit Madeira los. Das Ganze wird nun als Fond bis auf 1 Esslöffel eingekocht (reduziert) und dann in eine Tasse gefüllt.

Rühren Sie die weitere Butter dann mit einem Handmixer oder Schneebesen schaumig und würzen Sie sie mit den gehackten Kräutern und ein wenig Salz. Anschließend rühren Sie den beiseite gestellten Fond tropfenweise unter. Mit dieser Kräuterbutter bestreichen Sie das Filet mehrmals während des Garens. (Also nicht vergessen: während der Vorspeise und des Zwischengerichts immer mal wieder etwas Kräuterbutterstreicheln fürs Filet!)

Die Butter wird im Ofen natürlich schmelzen und sich in der Fettpfanne fangen. Am Ende gießen Sie sie zusammen mit dem Bratensaft in ein kleines Pfännchen und halten dieses warm.

Auch das Filet müssen Sie unbedingt warm halten, wenn Sie es später aus dem Ofen nehmen – z. B. in einer zuvor angewärmten, zugedeckten Pfanne.

### Anrichten

Das Chateaubriand auf eine vorgewärmte Platte legen und mit etwas Bratbutter beträufeln. Daneben dann die Herzoginkartoffeln und die glasierten Rübchen anrichten und servieren. Am Tisch wird das Filet dann schräg in Scheiben geschnitten. Das wäre übrigens wieder ein Job für »Monsieur«, so etwas übernehmen Männer doch immer gerne. Sorgen Sie für ein scharfes Messer oder noch einfacher ein Elektromesser. Bon appetit!

### Gabriellas Secrets

Haben Sie keinen Spritzbeutel zur Hand, können Sie die Herzoginkartoffeln alternativ mit einem Teelöffel formen. Stechen Sie hierzu nur kleine Häufchen aus dem Teig aus und setzen Sie diese aufs Blech. Die Spritzbeutelversion schmeckt nicht anders, sie sieht nur wahnsinnig edel aus.

### Good to know

Die Franzosen würden niemals Kartoffelbrei zubereiten, sie nennen das immer Kartoffelschnee. Dieser Ausdruck gibt am besten wieder, was wir uns für die Herzoginkartöffelchen wünschten: eine leichte, luftige Kartoffelmasse. Um diese perfekt herzustellen, müssen die Kartoffeln noch warm durch eine Kartoffelpresse gedrückt werden. (Jede Omi besitzt noch ein solches Teil, es ähnelt der Spaghetti-Eis-Presse.) Anschließend sollten Sie die Kartoffeln so wenig wie möglich mechanisch bearbeiten. Sie würden sonst den Kleber der Kartoffelstärke freisetzen und das würde dazu führen, dass die Masse ihre wunderbare Luftigkeit verliert.

*Dessert*

# *Crêpes flambées normandes*

## *Flambierte Crêpes mit Äpfeln*

*Vorbereitung: 10 Min. + Ruhezeit / Zubereitung: 15 Min.*

### Die Zutaten

***Teig:***

3 EL Mehl, 1 Ei, 5 EL Milch, 1 EL Zucker, 1 Prise Salz, etwas abgeriebene Zitronenschale, 1 TL Butter, flüssig

***Füllung:***

1 großer säuerlicher Apfel, Saft einer viertel Zitrone,
20 g Butter zum Braten der Äpfel, 1 Vanillestange, 2 EL Zucker

***Außerdem:***

2 EL Butterschmalz zum Ausbacken, 4 cl Calvados zum Flambieren, Butter für die Form

### Und los geht's

Diese Crêpes können Sie am Nachmittag fertig vorbereiten, so dass Sie die Form abends nur noch ca. 15 Minuten vor dem gewünschten Servierzeitpunkt in den vorgeheizten Ofen geben müssen.

Sie beginnen damit, alle Zutaten für den Teig mit Ausnahme der Butter zu verrühren. Die Butter in einer Pfanne schmelzen, leicht bräunen und dann erst zum Teig gießen. Danach muss der Teig mindestens eine Stunde lang ausquellen.

Inzwischen bereiten Sie die Füllung vor: Den Apfel

schälen, entkernen und in dünne Scheiben schneiden. In eine Schüssel geben und mit dem Zitronensaft beträufeln, damit sich die Äpfel nicht braun verfärben.

Die Butter in einer Pfanne erhitzen, die aufgeschlitzte Vanillestange und die Apfelscheiben hinzufügen und alles zusammen ca. 1 Minute braten.

Anschließend den Zucker darüber streuen und die Apfelmasse unter häufigem Umrühren weitere 5 Minuten bei kleiner Hitze garen. Die Pfanne vom Herd nehmen und abkühlen lassen.

Nach der Stunde Ruhezeit den Crêpes-Teig durchrühren. Eine beschichtete Pfanne mittelstark vorheizen und je 1–2 TL Butterschmalz darin erhitzen. Nun füllen Sie mit einem kleinen Schöpflöffel etwas Teig ein und backen nacheinander möglichst dünne Eierpfannkuchen (pro Seite ca. 1 Minute). Die Stärke der Pfannkuchen ist abhängig von der Konsistenz: Je dünner der Teig, desto dünner die Crêpes. Keine Sorge – spätestens nach den ersten beiden haben Sie die richtige Menge raus. Und die Zutaten sind großzügig bemessen.

Die fertigen Crêpes auf einem Teller übereinander schichten, damit sie nicht austrocknen.

Nun eine ofenfeste Form mit Butter ausstreichen. Die Crêpes auf einer Arbeitsfläche auslegen. Jeweils etwas von der Apfelfüllung darauf verstreichen, den rechten und linken Rand einschlagen und die Crêpes über der Füllung vorsichtig einrollen. Anschließend nebeneinander in die Form setzen und mit Butterflöckchen belegen. Bis zum Überbacken gegen Ende des Menüs zugedeckt beiseite stellen.

Vor dem Servieren der Hauptspeise den Backofen auf 180 °C stellen und nach dem Hauptgang die Crêpes 10–15 Minuten lang erhitzen.

### Anrichten

Zum Flambieren eine Suppenkelle aus Metall erwärmen.

Den Calvados einfüllen und vorsichtig anzünden – bei diesem ersten Spiel mit dem Feuer kann Ihr Gast Ihnen behilflich sein. Brennend heiß lassen Sie nun den Calvados über die Crêpes tröpfeln. Das duftet nicht nur fantastisch, es macht auch Appetit auf mehr … Achten Sie unbedingt darauf, dass der Alkohol nichts ankohlen lässt, sondern nur zart bräunt (notfalls rechtzeitig auspusten). Danach mit zwei Löffeln auf die Dessertteller verteilen und die Sauce darüber schöpfen.

### Gabriellas secrets

Ich empfehle Ihnen, aus dem Flambieren eine kleine Show zu machen: Löschen Sie hierzu kurz vorher das Licht bis auf eine Kerze. Sorgen Sie für stimmungsvolle Musik. Dann erst stecken Sie den Calvados an. Das Aah und Ooh Ihres Herzbuben ist Ihnen gewiss.

### Good to know

Viele denken, dass man Crêpes nur mit dem Crêpe-Eisen backen kann, das ist aber glücklicherweise nicht der Fall. Es funktioniert auch in einer Pfanne. Wichtig hierbei ist nur die Konsistenz des Teiges: Er muss wirklich sehr dünnflüssig sein, etwa so wie Öl. Wenn Sie den Teig zu dickflüssig zubereiten, bekommen Sie statt Crêpes nichts anderes als Pfannkuchen hin. Das Rühren geht mit dem Pürierstab übrigens auch besser als mit dem Schneebesen.

Sie können auch einkalkulieren, dass die ersten 3–4 Crêpes nicht perfekt werden. Erstens müssen Sie noch üben und zweitens braucht die Pfanne (möglichst beschichtet) auch einen Augenblick, bis die Crêpes nicht mehr anhaften. Sie können das unterbinden, indem Sie die Pfanne nach jedem Crêpes mit einem in Öl getränkten Küchentuch gut ausreiben.

## Cocktails à la français

### *Pas de Deux*

***Zutaten für 2 Cocktails:*** 2 cl Benedictine (Kräuterlikör), 2 reife Erdbeeren mit Grün, 2 Zitronenzeste (Schale), gut gekühlter Champagner, 2 Eiswürfel, 2 Champagnergläser

Geben Sie die Eiswürfel zusammen mit dem Benedictine-Likör und der Erdbeere ins Champagnerglas und gießen den gut gekühlten Champagner ein. Vorsichtig, Madame, das schäumt ganz ordentlich!

Das Glas mit dem Champagner auffüllen und mit der Zitronenzeste (Schale) abspritzen, d. h:, Sie nehmen beide Hände und drücken ein wenig Zitronenöl in das Glas. Die Zeste dazugeben und vorsichtig von unten nach oben umrühren.

Dieser Drink schmeckt interessanterweise ganz anders, als er aussieht. Einfach sensationell. Jeder möchte sofort die Ingredienzen erfahren, weil niemand darauf kommt, was genau den überraschenden Geschmack ausmacht. Liegt ganz bei Ihnen, ob Sie es verraten oder unser kleines Geheimnis bewahren möchten.

Der schnelle Tipp als Alternative: Für beide Gläser pressen Sie je 1 Limette aus und schneiden die Schale in kleine Stücke. Anschließend gießen Sie jeweils 5 cl Cointreau in die Gläser, geben Eiswürfel und den Saft samt Schale – brav brüderlich geteilt – halbe-halbe hinzu und rühren kurz um.

### Weinempfehlungen

Beginnen Sie dieses Menü mit einem Schluck Lebensfreude: Champagner sollte bei keinem französischen Menü fehlen. Selbstverständlich können Sie zu den allerorts bekannten Namen greifen, aber warum denn nicht einmal überraschen? Zum Beispiel mit Edelperlen, die großartig schmecken, aber noch nicht in aller Munde sind.

Meine Empfehlungen:

Für kleinere Budgets bieten sich die ebenfalls nach der klassischen Champagnermethode erzeugten Crémants an, wie etwa Parigot & Richard aus dem Burgund (24 Mark).

Eine echte Alternative zu den bekannten Champagnermarken ist der schlanke, feinfruchtige Billecart-Salmon (ab 42 Mark). Beeindruckend sind auch die erstklassigen, kraftvollen Winzerchampagner von Jacques Sélosse, die ungewöhnlicherweise in neuen Eichenholzfässern reifen und ausschließlich aus Trauben eigener Grand-Cru-Lagen kommen (zwischen 45 und 75 Mark).

Ein kleiner Tipp am Rande für echte Sternstunden: Krug Grande Cuvée (165 Mark), den »Mann« sich erst redlich verdienen muss, nicht wahr?

Nun zu den Weinen:

Weiße Burgunder wie Chablis und Meursault lassen Meeresfrüchte und Fisch zwar recht elegant schwimmen, zeichnen sich aber leider durch sehr unterschiedliche Qualität aus. Obendrein beginnen viele große Burgunder erst jenseits der 50-Mark-Grenze.

Glücklicherweise wachsen an der Côte d'Or auch bezahlbare gute Weine, beispielsweise die Meursaults und Chardonnays der Domaine François Jobard (ab 25 Mark).

Sie möchten einen Weinkenner gerne mal mit einem anderen Burgundertypen in Erstaunen versetzen? Kein Problem, hier ein Geheimtipp: ein Beaujolais Blanc Chardonnay en fût (also aus dem Holzfass) der Domaine Des Terres Dorées (16 bis 19 Mark).

Zur Ente mit Orangensauce kann man Weiß- oder Rotwein trinken, aber bitte nicht jeden. Weine mit schöner, reintöniger Traubensüße der Spätlesen (Vendange Tardive) aus dem Elsass eignen sich ausgezeichnet. Ein Spitzenerzeuger ist Marc Kreydenweiss, der neben delikaten Rieslingen auch gelungene, zum Fisch passende Sylvaner und Tokay Pinot Gris anbietet (12 bis 50 Mark). Alternativ kann es auch ein Pinot Noir der saftig-fruchtigen Güte des Burgunder Jungwinzers Denis Philibert (15 Mark) sein.

Traditionalisten werden wahrscheinlich eher auf ihren Bordeaux bestehen und sind bei einem Château Pontensac, Jahrgang 97 (oder noch besser 96) gut aufgehoben, zumal er sich für einen Médoc-Wein durch ein großartiges Preis-Leistungsverhältnis auszeichnet (39 Mark).

Die mit Calvados flambierten Crêpes schreien geradezu nach einem Apfelschnaps zum Finale. Zum Beispiel einen von Louis Dupont (ab 45 Mark). Das muss er Ihnen wert sein!

## Tischdekoration

Auch hier habe ich mir zwei unterschiedliche Varianten für die Tischdekoration ausgedacht. Die erste Idee ist sehr edel und klassisch gehalten, während die zweite mehr etwas für Gastgeber mit Humor ist.

### Vorschlag 1:

Eine Tischdeko rot wie die Liebe. Tauchen Sie Ihren Esstisch in ein Blütenmeer aus Rosen. Ob Sie nur bei einem einzigen Rotton bleiben oder verschiedene Nuancierungen wie Purpur, Rosé und Lachs kombinieren möchten, bleibt Ihnen überlassen.

***Materialien:***
Weiße edle Tischdecke und Servietten, Rosenblüten und -blätter, edle Kerzenleuchter in Silber oder Acrylglas, Kerzen in Weiß oder Rot, Glaskristalle, Acrylsteinchen, Klunker und Perlen in verschiedenen Größen, Silbertabletts oder Spiegel, Glitter zum Streuen, Rosenöl für die Duftlampe

Wichtig ist eine edle, reinweiße Tischdecke, auf die Sie elegante Kerzenleuchter mit weißen Kerzen stellen. Wählen Sie hierzu möglichst silberne oder Acrylglas-Kerzenständer aus. Um diese herum verteilen Sie dann Glaskris-

talle, verschiedene Perlen und alles, was Sie sonst an Glassteinchen, Klunkern und »Edelsteinen« so auftreiben können – nur bitte alles in Weiß bzw. aus durchsichtigem oder glitzerndem Material. Auch ein Silbertablett oder ein Spiegel eignen sich als zentrale Unterlage für die Kerzenständer bestens.

Die Rosen sollten Sie erst ganz zum Schluss dekorieren, weil sie sonst zu schnell verwelken. Einige Langstielige in eine schmale hohe Vase oder in ein schönes Glas stellen und neben den Kerzen platzieren. Die restlichen Blütenköpfe knapp abschneiden, die Rosenblüten von Hand etwas öffnen und auf dem Tisch drapieren. Einige können Sie am Kerzenleuchter befestigen oder um eine Serviette ranken. Falls gewünscht, mit ein wenig Glitter bestäuben – und fertig ist Ihr Liebestisch.

Kurz vor seinem Eintreffen können Sie dann noch einige Tröpfchen edlen Rosenöls in eine Duftlampe geben.

Vergessen Sie nicht, vielleicht selbst auch ein Parfüm mit Rosenessenzen zu benutzen, denn zu viele verschiedene Düfte vertragen sich nicht besonders.

VORSCHLAG 2:
Dieser Vorschlag eignet sich ganz besonders für Gastgeberinnen, die schon mal in Frankreich waren.

***Materialien:***
Weiße Tischdecke, Kerzenständer, Straßenkarte von Paris oder Landkarte von Frankreich, Postkarten, Eintrittskarten, Reiseführer, Hotelprospekte, Bücher, Fotos französischer Filmstars, Souvenirs aus Frankreich, farbige Stifte für Notizen

Auf eine neutrale Tischdecke legen Sie eine oder mehrere schöne Landkarten von Frankreich oder die Stadtkarte des letzten Pariskurztrips. Ganz besonders gut machen sich auch Postkarten und Eintrittskarten von bekannten Museen bzw. Sightseeingtouren. Sämtliche »Souvenirs« werden jetzt mehr oder weniger »wahllos« auf dem Tisch verstreut.

Sollten Sie gerade einen gemeinsamen Trip planen, könnten Sie doch Ihre geplante Reiseroute mit bunten Stiften auf eine weiße Papiertischdecke malen und Ihre Notizen dazuschreiben. Dies wird Ihnen am Abend sicher eine äußerst unkonventionelle route d'amour eröffnen …

Antike Kerzenleuchter, ein paar Andenken wie der unvermeidliche Eiffelturm in Miniformat, l'Arc de Triomphe und ähnlicher Nippes machen aus Ihrem Dinner pour deux einen witzigen Abend. Serviettenringe, aus noblen Hotelprospekten geschnippelt und beklebt, lassen jedes Feinschmeckerherz höher schlagen.

### EINKAUFSLISTE

(Sollten Sie sich für das alternative Hauptgericht, das Chateaubriand, entschieden haben, ersetzen Sie bitte auf Ihrem Einkaufszettel die hier kursiv gedruckten Zutaten für die Entenbrust durch die Zutaten aus dem Rezept auf S. 78.)

***Fleisch/Fisch:***
300 g Zanderfilet (ohne Haut), *2 Entenbrüste* (je ca. 200 g)

***Gemüs/Obst:***
200 g Blattspinat (geputzt), Knoblauch, *2 Orangen (zum Auspressen)*, 1 unbehandelte Zitrone, 1 großer säuerlicher Apfel

***Feinkost/Supermarkt:***
trockener Weißwein (für die Suppe/Sauce), Gemüsefond (oder Geflügelfond), Fischfond, *Geflügelbrühe*, 1/4 l Schlagsahne, *250 g Butter*, Champagner (für die Suppe), Toastbrot, Trüffelbutter oder Trüffelöl, Dijon-Senf, *Mais, 4 Eier*, 1/2 l Milch, 1 Vanillestange, Butterschmalz

***Getränke:***
Weine (siehe »Weinempfehlungen«), Wasser, Cocktailzutaten (siehe Rezept)

***Dekoration:***
Materialien, Zutaten laut Vorschlägen oder nach Wunsch

***Was Sie wahrscheinlich im Haus haben:***
*200 g Mehl*, Meersalz, Anislikör (Pernod/Ouso/Ricard), Calvados (zum Flambieren), schwarzer Pfeffer aus der Mühle, *Muskatnuss, frisch gerieben*, Pflanzenöl, Zucker, Olivenöl

## Ihr Zeitplan

***Vormittag:***

Einkaufen

***Nachmittag:***

- Wein/Champagner kühlen,
- alle Zutaten abmessen und bereitstellen,
- Crêpeteig zubereiten,
- Crêpefüllung zubereiten,
- Maisplätzchenteig herstellen,
- Crêpes backen,
- Croutons schneiden,
- Schalotten und Knoblauch würfeln,
- Spinat putzen und waschen,
- Mehlbutter herstellen,
- Entenhaut ablösen,
- Orangensaft pressen,
- Crêpes füllen und in Auflaufform setzen,
- Tisch dekorieren,
- Cocktails vorbereiten,
- Stylen

***Abend:***

- Kerzen anzünden,
- Cocktail anbieten,
- Champagnersuppe zubereiten,
- Champagnersuppe servieren,
- Ente anbraten und im Ofen garen,
- Zanderfilet braten und Sauce zubereiten,
- Spinat garen,
- Zwischengericht servieren,
- Entenhaut kross braten,

- Orangensauce und Maisplätzchen zubereiten,
- Hauptgang servieren,
- Crêpes im Backofen überbacken,
- Crêpes servieren und flambieren

# *Asian Night*

## *Thailändisches Menü*

VORSPEISE
***Kokosmilchsuppe mit Champignons***

ZWISCHENGERICHT
***Lauwarmer Salat vom Seeteufel und Kirschtomaten***

HAUPTGANG
***Marinierte Rindfleischstreifen mit Babymais und Paprika***

*oder:* ***Huhn in Erdnusssauce***

DESSERT
***Mango-Eis***

## *Zur Einstimmung*

Hand aufs Herz: Sie sind nicht zierlich, mandeläugig und lammfromm, sondern groß, mit Adlerblick und Willenskraft – und Sie wollen es trotzdem mal »thailändisch« probieren. Nur zu: Die meisten Männer schmeißen ohnehin alle (Wunsch-)Attribute in einen großen Wok und erwarten an ein und demselben asiatischen Abend gleichzeitig sanftmütige Geishas, feingliedrige Masseusen, rassige Sushi-Köchinnen und scharfe Bedienungen. Damit werden sie Thailand allerdings nicht gerecht – und erst recht nicht der thailändischen Küche!

Gerichte aus Thailand sind in der Regel leichter, bekömmlicher und pikanter als die der asiatischen Nachbarn – und sie geizen nicht mit Gewürzen. Einen Ausgleich schafft da die Kokosnuss. Die cremige Konsistenz der Kokosmilch harmoniert wunderbar mit exotischen Aromen wie Zitronengras, Chili, Koriander oder frischer Minze. Zerstampft im Mörser, ergeben die Gewürze eine geschmacksintensive Paste, in der Fleisch, Fisch oder Geflügel anschließend mariniert werden.

Als ideale Thai-Beilage empfiehlt sich Duftreis, zur sinnlichen Abrundung ein Cocktail. Ob »Er« lieber »Mai Lin« oder »Mai Thai« möchte, oder ob Sie ihm ganz einfach die Entscheidung abnehmen und einen fruchtbarkeitsstärkenden fünfschwänzigen Drachen-Shake mixen, ist dabei reine Nebensache. Die Hauptsache ist die Exotik. Dazu gehören im Übrigen auch Essstäbchen. Sollte Ihr hungriger Gast allerdings unter dem Sternzeichen »Tolpatsch« geboren sein, hilft nur eines: Bleiben Sie sanftmütig, aufopferungsvoll, lammfromm. Die Mandelaugen kommen dann schon von ganz allein!

*Vorspeise*

# *Kokosmilchsuppe mit Champignons*

*Vorbereitung: 20 Min. / Zubereitung: 15 Min.*

## Die Zutaten

250 g Champignons , 1/4 l Kokosmilch, Meersalz, 1 kleines Stück frisches Zitronengras (ca. 20 g), 2 Limettenblätter (ersatzweise Zitronenblätter), 1 Limette, ausgepresst, 1–2 EL Fischsauce, 1–2 rote frische Chilischoten, 1/2 Bund frisches Koriandergrün (2 Zweige zur Deko zurücklassen)

## Und los geht's

Dies ist meine absolute Lieblingssuppe in jedem thailändischen Restaurant. Leider schmeckt sie nicht überall so gut wie nach diesem Rezept. Macht aber nichts, jetzt haben Sie ja mein Rezept für zu Hause:

Sie starten mit den Champignons, die Sie nur sehr kurz waschen, putzen und halbieren. Große Pilzköpfe vierteln, doch ich sage Ihnen gleich, die schrumpeln sowieso noch ganz gut zusammen. Wichtig ist, daß Sie die Champignons sofort mit dem Limettensaft beträufeln, sonst werden sie blitzschnell braun und unansehnlich.

Nun die Kokosmilch in einem Topf erwärmen und leicht mit Meersalz würzen. Das Zitronengras zerstampfe ich nicht, wie es üblich ist, sondern zerdrücke es nur im Ganzen in einem Mörser. Später fische ich es dann vor dem Servieren wieder aus der Suppe, weil Zitronengras meist strohig schmeckt und ich so keine Einzelteilchen herauspicken muss.

Die vorbereiteten Champignons, das Zitronengras, die Limettenblätter (die man übrigens auch nicht zu essen braucht) und die Fischsauce kommen zur heißen Kokosmilch und alles zusammen jetzt für 4 Minuten kochen lassen.

Währenddessen entkernen Sie die Chilis und schneiden sie in dünne Ringe, am besten mit Küchenhandschuhen, dann kann hinterher auch nichts brennen (siehe unten).

Die Chilis zur Suppe geben und alles zusammen kurz erhitzen. Koriander grob hacken und am Ende unter die Suppe mischen.

### Anrichten

Für die Suppe eignen sich zwei Schälchen, egal, ob asiatische oder die bunten Müslischalen. Je nachdem, was zu Ihrer Tischdeko am besten passt. Vor dem Auftragen noch ein paar Zweiglein Koriander über die Suppe streuen. Genießen Sie's!

### Gabriellas secrets

Übrigens, ich kann Sie vor diesen verflixten Chilis nur warnen. Ich liebe sie sehr, aber möchte Sie bitten, damit vorsichtig umzugehen. (Augen, Nase und Hände gut schützen. Ich habe damit schon meine unangenehmen Erfahrungen gemacht.) Wenn Sie nicht wissen, wie scharf sie wirklich sind, dann stellen Sie lieber nochmal eine Ladung auf den Tisch, damit Ihr Held (»Ich mag's scharf …«) jederzeit nachlegen kann, wenn er's verträgt.

Wer kein Zitronengras mag oder hat, kann stattdessen

auch einen Teelöffel grüne Currypaste verwenden. Dann sollten Sie aber am Chili sparen, denn der ist schon Bestandteil der Paste.

### Good to know

Sie sollten darauf achten, dass Sie nur frische Champignons verwenden. Sie erkennen diese daran, dass die Köpfe auf den Unterseiten noch völlig geschlossen sind. Bereits geöffnete Pilze saugen sich beim Waschen total voll Wasser und genauso schmecken sie auch.

*Zwischengericht*

# Lauwarmer Salat vom Seeteufel und Kirschtomaten

*Vorbereitung: 10 Min. + 15 Min. marinieren / Zubereitung: 10 Min.*

## Die Zutaten

250 g Seeteufelfilet, ohne Haut, 1 Zweig Thai-Basilikum, 1 TL Butter, 1 TL Limettensaft, 2 EL Kokosmilch, 1 EL Pflanzenöl, Meersalz, 1 rote Chilischote, ohne Kerne, in feine Ringe geschnitten, 100 g Kirschtomaten, 1/4 l Wasser, weißer Pfeffer aus der Mühle

## Und los geht's

Bei diesem Rezept gibt es nicht besonders viel vorzubereiten. Es sieht ganz nebenbei auch toll aus, wenn Sie mit dem ungewöhnlichen Dämpfeinsatz hantieren. Es muss kein großes Exemplar sein, Sie bekommen diese Bambuseinsätze in jedem Asia-Laden und mittlerweile auch schon in guten Küchen- oder Porzellanläden.

Zuerst den Fisch in kleine Stücke schneiden, salzen und pfeffern. Die eine Hälfte der Basilikumblättchen wird nun in einem Topf mit einem Viertelliter Wasser aufgekocht. Achten Sie darauf, dass der Dämpfeinsatz in den Topf passt und der Wasserspiegel unter dem Rost bleibt, sonst liegt der Fisch beim Kochen im Wasser!

Den Dämpfeinsatz mit Butter bestreichen, daraufsetzen und die Seeteufelchen 5 Minuten garen.

Währenddessen Limettensaft, Kokosmilch, Öl, Chili,

Salz und Pfeffer in einer Schale verrühren und den noch warmen Fisch 15 Minuten abgedeckt in der Sauce ziehen lassen. Nun die Kirschtomaten halbieren.

### Anrichten

Den Fisch mit den Tomatenhälften und dem restlichen Basilikum mischen und auf vorgewärmten Tellern anrichten. Sie können auch den Fischsalat in den Dämpfeinsatz zurückfüllen und diesen auf einem Teller in der Tischmitte servieren. In diesem Fall sollten Sie aber die Sauce separat servieren, da der Dämpfeinsatz unten offen ist und alles rauslaufen würde.

### Gabriellas secrets

Ich serviere dieses Gericht ganz stilecht in zwei ausgehöhlten Kokosnusshälften. Das ist ein toller optischer Gag. Die Dinger aufzukriegen ist aber nicht immer ganz einfach, darum hier mein Tipp: Vielleicht könnten Sie Ihren Schatz um diesen Gefallen bitten, dann hat er auch was zu tun und ist beschäftigt, während Sie köcheln.

Vergessen Sie aber bitte nicht, ihn dafür zu loben.

Erst die Kokosnuss an einem der Punkte mit einem Korkenzieher anbohren und die Milch mit einem Strohhalm gemeinsam auszuckeln. Bei zwei Löchern kann man sie auch ausgießen. Dann nimmt man ein schweres Messer und haut ringsum eine Kerbe in die Nuss, während man diese immer weiter dreht. Vorsicht, das macht etwas Dreck, also etwas unterlegen oder im Freien öffnen. Nach einer kurzen Weile wird die Kokosnuss von allein fein säuberlich in der Mitte aufbrechen. Wenn Sie das Kokosfleisch vorsichtig rausschneiden, können Sie es zur Deko und zum Kochen benutzen. Die beiden Hälften nun abwaschen, trocknen und später auf den Teller mit dem Fischsalat füllen. In kleine Schälchen gesteckt, bleibt die Kokosnuss sogar stehen.

### GOOD TO KNOW

Grundsätzlich ist der Seeteufel der einzige Fisch, der bei zu langen Garzeiten sehr stark aussaftet. Das heißt, dass Sie bei diesem Fisch immer darauf achten sollten, dass er nur extrem kurze Garzeiten verträgt. Die im Rezept angegebene Garzeit von 5 Minuten sollte auf keinen Fall überschritten werden. Also nicht zu früh mit dem Zwischengericht beginnen.

*Hauptgang*

# *Marinierte Rindfleischstreifen mit Babymais und Paprika*

*Vorbereitung: 25 Min. + 1 Std. marinieren / Zubereitung: 20 Min.*

## Die Zutaten

300 g Rinderhüfte oder Rumpsteak, 2 EL Sojasauce, 2 EL Sherry, trocken, 1 Eiweiß, zu Schnee geschlagen, 2 TL Speisestärke, Pfeffer aus der Mühle, 2 EL Erdnussöl, 1 TL 5-Gewürze-Pulver, 1 TL frischer Ingwer, gerieben, je 1/2 grüne und rote Paprika, in feine Streifen geschnitten, 1 Bleichselleriestange, in feine Scheiben geschnitten, 6 Stück frischer Babymais, halbiert, 1 EL Austernsauce, Meersalz, Thai-Reis

## Und los geht's

Der Geschmack dieses Gerichtes ist eine gute Abwechslung in der Menüfolge. (Wer es lieber sahnig-süß mag, dem sei das Alternativgericht Erdnusshühnchen empfohlen.)

Zu Beginn wird das Rindfleisch eingelegt:

Befreien Sie es von Fett und Sehnen, dann schneiden Sie das Rindfleisch in lange, dünne Streifen, und zwar quer zur Faser, damit sich die Streifen beim Braten nicht so sehr kringeln.

Nun stellen Sie die Marinade her:

Sojasauce, Sherry, Eischnee, Stärke und wenig Pfeffer aus der Mühle gut verrühren und das Fleisch ca. 1 Stunde darin ziehen lassen.

Bevor Sie das Fleisch braten, stellen Sie den Reis auf und kochen ihn nach Packungsanweisung.

Bereiten Sie das Fleisch und das Gemüse perfekt vor, dann brauchen Sie am Abend nur noch zu vollenden. Am eindrucksvollsten sieht das in einem Wok aus, es funktioniert aber auch in einer normalen beschichteten Pfanne.

Den Wok mittelstark vorheizen, 1 EL Öl hineingeben und darin Ingwer, 5-Gewürze-Pulver, Paprikastreifen, Selleriescheiben und Babymaiskolben bei starker Hitze 2 Minuten unter Rühren braten. Anschließend aus der Pfanne nehmen und warm halten.

Jetzt geben Sie 1 EL Öl in den Wok und braten das *gut abgetropfte* Fleisch in kleinen Portionen kurz scharf an.

Nun das Gemüse wieder in den Wok und die Austernsauce und die Marinade unterrühren und mit Salz abschmecken.

### Anrichten

Sobald alle Zutaten heiß sind, können Sie den Wok von der Kochstelle nehmen, bzw. falls er elektrisch ist, ausschalten und auf dem Tisch platzieren. Mit den Frühlingszwiebeln garnieren und dazu den Thai-Reis anbieten. Essen Sie doch mal ausnahmsweise mit Stäbchen, das macht viel mehr Spaß. Wenn es gar nicht klappen sollte, können Sie ja immer noch zum rettenden Besteck greifen.

### Gabriellas secrets

Das Eiweiß wird nicht steif geschlagen, sondern nur zu einem cremigen Schaum gemixt. Das hat den Vorteil, dass die Marinade eine schöne Konsistenz erhält, die Gewürze sich gleichmäßiger verteilen und sich ideal um das Fleisch legen.

### Good to know

Wenn Fleisch quer zur Faser geschnitten wird, lässt es sich anschließend besser kauen, und das ist gerade bei asiatischem Essen mit Stäbchen viel angenehmer.

*Alternatives Hauptgericht*

# *Huhn in Erdnusssauce*

*Vorbereitung: 30 Min. + 1 Std. marinieren / Zubereitung: 30 Min.*

## DIE ZUTATEN

***Huhn:***

2 Hühnchenbrüste (je ca. 150 g), 120 g Brokkoli oder grüne Bohnen, 1 kleine Zwiebel, in Würfel geschnitten, 2 Frühlingszwiebeln, in 1 cm dicke Stücke geschnitten, 2–3 getr. Chilischoten, 40 g ungesalzene Erdnüsse, 125 ml Kokosmilch, 1/2 TL Zucker, 1–2 EL Sojasauce, Pflanzenöl zum Braten

***Marinade:***

1 Stück Ingwer (ca. 20 g), geschält, sehr fein gehakt oder gerieben, 2 Knoblauchzehen, in feine Würfel geschnitten, 1/2 TL Korianderpulver, 1/2 TL Kreuzkümmelpulver, Meersalz, Pfeffer aus der Mühle, 1 Msp. Zimt, 1 Msp. Nelkenpulver, Thai-Reis

## UND LOS GEHT'S

Das Hühnerfleisch von Haut und Sehnen befreien und in mundgerechte Stücke schneiden. Denken Sie aber immer daran, dass Sie es später mit Stäbchen verzehren wollen: Zu klein ist zu viel Gefummel, zu groß funktioniert auch nicht gut.

Zuerst wird das Fleisch mariniert.

Den Ingwer zusammen mit dem Koriander, dem Kreuzkümmel, Salz, Pfeffer, Zimt und Nelken zu einer Paste zerstoßen und die Knoblauchwürfel zuletzt unterrühren, ohne sie zu zerquetschen. Das Fleisch mindestens 1 Stunde lang marinieren.

Dann putzen Sie den Brokkoli (oder die Bohnen, verwenden Sie, was Ihnen besser gefällt), zerteilen ihn in mundgerechte Stücke und garen ihn in Salzwasser 1 Minute al dente (Bohnen brauchen 6 Minuten). Nun die getrockneten Chilischoten zerreiben. Anschließend die Erdnüsse in einer Pfanne ohne Zugabe von Fett leicht rösten und danach mahlen.

Später am Abend geht's an dieser Stelle ans Kochgerät: Zuerst das Wasser für den Reis aufstellen und diesen nach den Angaben auf der Packung kochen, während Sie das Hühnerfleisch zubereiten:

Einen Wok oder eine große Pfanne mittelstark vorheizen, die Zwiebelwürfel in 2 EL Öl hellgelb werden lassen. Dann den Brokkoli (oder die Bohnen), Frühlingszwiebeln und Chilischoten hinzufügen und alles unter ständigem Rühren 2–3 Minuten braten. Bevor Sie das Hühnerfleisch von allen Seiten anbraten, nehmen Sie das Gemüse aus der Pfanne.

Die Temperatur erhöhen und das Fleisch kurz anrösten.

Nun geht's an die leckere Sauce. Sie gießen die Kokosmilch zum Fleisch und fügen den Zucker, Sojasauce und die Erdnüsse hinzu. Eventuell mit Salz und Pfeffer aus der Mühle abschmecken und alles nochmals ca. 3 Minuten unter mehrmaligem Rühren köcheln lassen. Kurz vor dem Servieren das Gemüse wieder in die Pfanne geben und vermischen.

## Anrichten

Sie können den Wok oder die Pfanne auf den Tisch stellen und dort das Erdnusshühnchen in Schalen schöpfen, in die Sie vorher etwas Reis gefüllt haben. Dann können

Sie auch mit Stäbchen essen. Oder Sie servieren das Huhn neben dem Reis auf schönen vorgewärmten Tellern. Hierzu sollten Sie Gabel und Löffel eindecken, denn aus flachen Tellern kann man mit Stäbchen nicht gut essen, es flutscht nur auf die Tischdecke.

### Gabriellas secrets

Ich stehe total auf Saucen, darum verwende ich immer mehr Kokosmilch, als im Rezept steht. Übrigens gibt es noch einen Trick, wie das Fleisch ganz besonders zart wird: Verwenden Sie beim Marinieren des Hühnerfleischs zusätzlich 2 EL Sherry und 1 EL Speisestärke. Sie werden schon sehen, was Sie davon haben.

### Good to know

Blanchiertes Gemüse erhält die intensive frische Farbe wunderbar, wenn Sie es direkt aus dem kochenden Wasser kommend mit eiskaltem Wasser abschrecken.

*Dessert*

# *Mango-Eis*

*Zubereitung: 20 Min. / Gefrieren: 5 Std.*

## Die Zutaten

2–3 Eigelbe, 1/8 l Weißwein, 2 EL Honig oder Zucker, 1/8 l süße Sahne, 1/8 l Mangopüree (frisch, gefroren oder im Glas), Mangospalten zum Dekorieren, Fruchtsaucenspiegel (Cassis/Kiwipüree) zum Dekorieren, einige Minzblätter

## Und los geht's

Hilfreich ist für dieses wunderbare Eis ein Schlagkessel, eine halbrunde Metallschüssel mit Griff, die Sie in einen mit heißem Wasser gefüllten Kochtopf hängen. Die Eigelbe zusammen mit dem Weißwein und dem Honig (oder Zucker) zunächst kalt verrühren und anschließend über dem Wasserbad zu einer dicken Creme aufschlagen. Parallel dazu sollten Sie nun die Sahne aufkochen, abkühlen lassen (auf ca. 80 °C) und dann mit der Eigelbmasse mischen. Das Mangopüree zufügen, alles gut vermengen und die Eismasse im Kühlfach gefrieren lassen. Ab und zu durchrühren, damit sich keine Eiskristalle bilden. Wenn Sie eine Eismaschine haben, die Mischung einfach in den laufenden Automaten einfließen lassen.

## Anrichten

Auf flache, möglichst große Teller einen Fruchtsaucenspiegel aus Cassis- oder Kiwi-Püree geben. Das Eis mit dem Portionierer in die Mitte geben, am Rand mit den frischen Mangospalten verzieren und mit Minzeblättchen garnieren. Ein wenig Puderzucker überstäuben – na, wer sagt's denn?

Selbstverständlich können Sie das Mango-Eis auch in Schälchen oder in formschönen Gläsern servieren und den Glasrand mit Mango oder Minze verzieren. Dazu gehören dann aber lange Dessertlöffelchen.

### Gabriellas Secrets

Es gibt fertige Wasserbadtöpfe. So etwas sollten Sie sich unbedingt mal schenken lassen. Darin gelingen die feinsten Saucen und Eismixturen ohne Überschwemmungen.

### Good to know

Wenn's schnell gehen soll, gibt's auch fertige Fruchtsaucenspiegel zu kaufen. Die sind dann gefroren und schon von »Meisterhand« verziert. Machen ungemein was her!!!

### Thai-Cocktails

#### *Tokami Cocktail*

***Zutaten für 2 Cocktails:*** 10 reife Lychees (aus der Dose), 2 cl Zitronensaft, frisch gepresst, 1 cl Mandelsirup (Monin), 6 cl Lycheewein, Champagner oder guten trockenen Sekt, 2 EL crushed ice (siehe Seite 55), 2 vorgekühlte Gläser

Tokami heißt übersetzt die »10 Götter«. Wollen wir mal hoffen, dass die alle zugegen sind und Sie tatkräftig unterstützen, wenn er zum Begrüßungsschluck ansetzt. Wenn nicht sofort, wird er Sie aber spätestens gegen Ende des Menüs mit seinen Wimpern anklimpern.

Also, dann mal ran an den »Feind«: Für diesen Drink eignen sich Dosenlychees sehr gut. Erst gut abtropfen lassen bzw. frische Lychees, falls nötig, von Schale und Kern befreien. Alle Zutaten werden nun inklusive der 2 Esslöffel crushed ice und einem kleinen Schuss Champagner im Mixer gut durchgemixt. Gießen Sie die Flüssigkeit in ein vorgekühltes Glas (im Tiefkühler oder mit Eiswürfeln vorkühlen) und füllen danach mit dem gekühlten Champagner oder dem Sekt auf. Jetzt nur noch einmal vorsichtig von unten nach oben umrühren.

***Quickie-Variante***

Für den asiatischen »Fast-Drink« vermischen Sie 4 cl Martini Vermouth Bianco mit 8 cl Nihonsakari Knjyo Sake (japanischer Reiswein). Gießen Sie die Mischung auf zwei mit Eiswürfeln gefüllte Gläser und spritzen die Drinks wieder mit einer Zitronenzeste ab. Kampei!

### Weinempfehlungen

Asiatische Speisen, ganz besonders die würzigen diesseits von Japan, galten bislang nicht als »weinkompatibel«. Tatsächlich trinkt man in Hongkong oder Bangkok gerne Bier, Cognac oder auch Champagner zum Essen. Ein authentischer Thai-Begleiter ist übrigens das Singha-Bier. Sollten Sie aber meine Einstellung »zu einem schönen Essen gehört immer ein guter Wein« teilen, dann hier die Empfehlungen:

Vor allem passen bestimmte Weißweintypen zu vielen asiatischen Gerichten – die fruchtigen von der Mosel, die vitalen aus dem Rheingau, die fulminanten aus Österreich und die traubensüßen aus dem Elsass. Sogar »spicy« Rotweine, wie der Châteauneuf-du-Pape, verbinden sich auf aufregende Weise z. B. mit Curry-Gerichten.

Zum thailändischen Menü passen Weißweine der Rebsorten Tokay Pinot Gris, Sauvignon blanc, Gewürztraminer und Riesling (Spätlese) besonders gut. Wie geschaffen scheinen die Riesling-Fruchtkörbe von der Mosel: Spät- und Auslesen von J. J. Prüm, Dr. Loosen und Fritz Haag (ab 29 Mark). Bei heftigeren Speise-Aromen bieten die Österreicher noch besser Paroli: Sauvignon blanc von Polz (18,90 Mark) oder Tement (42 Mark) sowie die Traminer Auslese von Undhof (23 Mark). Die schon beim französischen Menü erwähnten Tropfen von Marc Kreydenweiss können Sie auch vorzüglich bei Thai-Gerichten einsetzen. Zwei Elsässer Weine treffen genau ins thailändische Herz: Tokay Pinot Gris und Gewürztraminer Grand Cru »Spiegel« von Jean-Jacques Loberger (beide 28 Mark). Sie experimentieren gerne? Gut, dann bieten Sie doch einfach einen Rotwein an. Der beim kalifornischen Menü erwähnte Zinfandel von Tria Vineyard und seine exotischen Düfte passen auch zu den Aromen Thailands.

Süß wie ein Kuss zum Schluss: Traubenschöner Traminer von Feiler-Artinger aus Österreich (halbe Flasche 32,50 Mark). Auf einen erotisch-exotischen Abend!

## Tischdekoration

Hier haben Sie die Wahl zwischen einem sehr traditionellen, eher thai-üblichen Vorschlag und einer elegant-puristischen Lösung. Wählen Sie selbst, welche Idee Ihnen bzw. Ihrer Einrichtung am nächsten kommt.

### Vorschlag 1

***Materialien:***

Tischdecke, Bananenblätter, Bambusstangen/Bambusgras, Bastsränge, kl. grüne (Koch-)Bananenstauden, ausgehöhlte/halbierte Kokosnuss, exotische Früchte

Eine einfarbige Tischdecke, entweder in Weiß, Beige, Gelb oder Orange, ist ein wunderbarer Untergrund für diese natürliche Inszenierung. Bananenblätter werden zu Tischsets umfunktioniert. Mit Schere und Messer lassen sich die traumhaftesten Flechtkunstwerke erstellen. Probieren Sie's mal an einem kleinen Blatt aus. In der Mitte des Tisches werden die Bambusstäbe mit den Gräsern und geschlungenen Basträngen dekoriert. Präsentieren Sie zwei exotische Blüten oder exotische Früchte in einer halben Kokosnuss, das bringt Farbe ins Bild. Bei diesem Menü können Sie das Besteck oder die Stäbchen in Gräser oder Blätter wickeln und die verschiedenen Schüsselchen zum Deko-Element erheben. Kerzen, zwischen die Arrangements gestellt, zaubern die passende Atmosphäre.

Sie können die Thai-Gerichte auch auf dem (bitte blitzeblank gewienerten) Boden einnehmen. Dazu sollten Sie aber genügend Kissen haben, denn die Lümmelei geht mit der Zeit ganz schön aufs Kreuz. Hier wird eine gute Massage dann Abhilfe schaffen

VORSCHLAG 2

***Materialien:***

Tischdecke in Lackschwarz, Seerosenblüten oder große Blüten wie Lotosblüten, Orchideen etc., Glasschalen, groß u. klein oder Tisch-Aquarium, Schwimmkerzen in Blütenfarbe

Die edle Alternativdeko bewegt sich z. B. ganz in Rosa- und in Schwarztönen. Inszenieren Sie einen asiatischen Seerosenteich. Wenn Sie den Untergrund in Schwarz (z. B. Lackfolie) halten, wirkt alles sehr dramatisch, eine helle Tischdecke lässt eine kühlere Atmosphäre aufkommen.

Verwenden Sie eine große Glasschale oder vielleicht sogar ein glasklares Aquarium in einem passenden Tisch-Format. (Die sind gar nicht so teuer, unglaublich wandlungsfähig und machen richtig viel her!) Füllen Sie dieses mit Wasser auf und legen die Seerosenblüten vorsichtig hinein. Ich habe vor kurzem Glas-Schwimmreifen für

Blütenköpfe entdeckt, die verhindern, dass die Pracht abtaucht. Auch drei gleiche Glasschälchen mit drei Blüten in gleichem Abstand nebeneinander gestellt wirken wunderschön. Für das rechte Licht sorgen auch hier selbstverständlich Kerzen. Passend zur schwimmenden Asia-Deko sollten Sie hier auch Schwimmkerzen verwenden. Entweder ein extra Glasschälchen zwischen die Blumen stellen oder einfach mit ins Aquarium setzen. Passen Sie aber unbedingt auf, dass die Blümchen nicht ankokeln. Ein paar kleine Blätter oder Zweige eignen sich gut als Abstandhalter. Die eine oder andere Blüte am Tellerrand oder auf der Serviette machen diese wunderbare Tischdekoration komplett.

## Einkaufsliste

(Sollten Sie sich für das alternative Hauptgericht, das Huhn in Erdnusssauce, entschieden haben, ersetzen Sie bitte auf Ihrem Einkaufszettel die hier kursiv gedruckten Zutaten für die Marinierten Rindfleischstreifen durch die Zutaten aus dem Rezept auf S. 106.)

***Fleisch/Fisch:***
250 g Seeteufel, *300 g Rinderhüfte (oder Rumpsteak)*

***Gemüse/Obst:***
250 g Champignons, 1 kleines Stück Zitronengras (20 g), 2 Limettenblätter (oder Zitronenblätter), 2 Limetten, 3 rote Chilischoten, 1/2 Bund Koriandergrün, 1 Zweig Thaibasilikum, 100 g Kirschtomaten, *1 kl. Stück frischer Ingwer, 1 grüne Paprika, 1 rote Paprika, 1 Stange Bleichsellerie, 6 Stück frischer Babymais (ersatzweise im Glas)*, 1 Frühlingszwiebel, 1 Mango, Minzeblätter (zum Dekorieren)

***Feinkost/Supermarkt/Asia-Laden:***
300 g Kokosmilch, Fischsauce, Butter, *Sojasauce, Eier, Erdnussöl, 5-Gewürze-Pulver, Austernsauce, Thai-Reis*, Weißwein (fürs Dessert), 1/8 l Schlagsahne, 1/8 l Mangopüree, Fruchtsaucenspiegel (Cassis/Kiwipüree)

***Getränke:***
Weine (siehe »Weinempfehlungen«), Wasser, Cocktailzutaten (siehe Rezept)

***Dekoration:***
Materialien, Zutaten lt. Vorschlägen oder nach Wunsch

***Was Sie wahrscheinlich im Haus haben:***
Meersalz, schwarzer Pfeffer aus der Mühle, weißer Pfeffer aus der Mühle, Pflanzenöl, *Sherry, Speisestärke, Honig*

## Ihr Zeitplan

***Vormittag:***
Einkaufen

***Nachmittag:***
- Wein kühlen,
- alle Zutaten abmessen und bereitstellen,
- Mango-Eis herstellen und einfrieren,
- Rindfleisch einlegen,
- Seeteufel marinieren,
- Tisch dekorieren,
- Cocktails vorbereiten,
- Stylen

***Abend:***
- Kerzen anzünden,
- Cocktail anbieten,
- Suppe kochen,
- Suppe servieren,
- Wasser für Reis aufsetzen,
- Seeteufel zubereiten,
- Seeteufel servieren,
- Reis ansetzen,
- Rindfleisch braten,
- Hauptgang servieren,
- Dessertteller dekorieren,
- Mango-Eis servieren

# *Verführung aus dem Serail*

## *Orientalisches Menü*

VORSPEISEN/MEZZE
***Falafel mit Tomaten-Relish***

***Joghurt-Minzsauce***

***Tabbouleh***

***Rosa Linsen mit Koriandergrün***

***Huhn-Pistazien-Bällchen***

***Lammfleischröllchen***

HAUPTGANG
***Hähnchenbrust mit Limette***

DESSERT
***Gefüllte Backäpfel***
***mit einem Sirup aus***
***Rosenwasser***

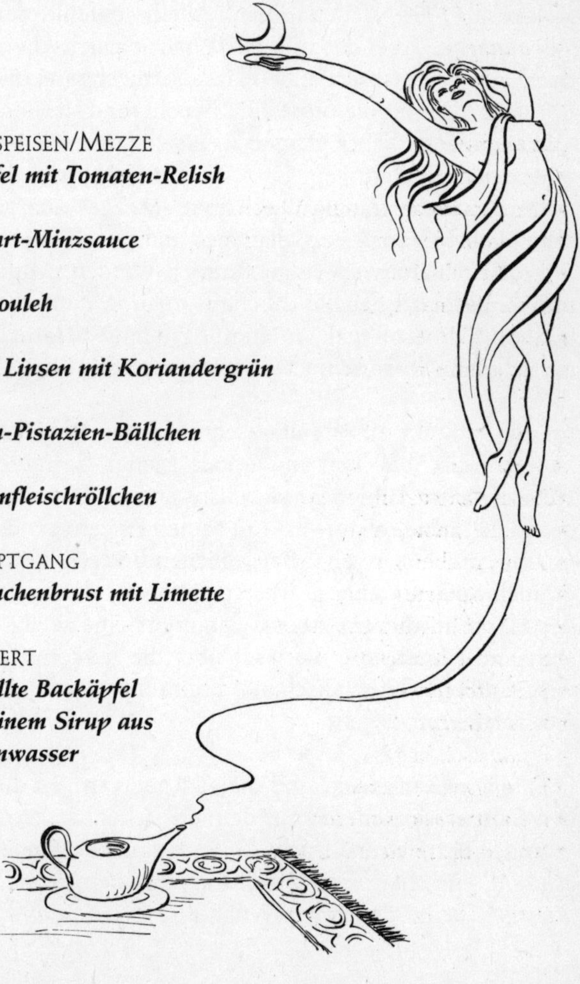

## *Zur Einstimmung*

Bei der Zusammenstellung dieses Menüs hatte ich immer einen Tisch voller Leckereien vor Augen, viele verschiedene Vorspeisen in wunderschönen Schalen, die wie ein Gelage aus 1001 Nacht anmuten. Allein – es fehlte der edle Wüstenprinz. Aber das soll sich ja nach diesem Abend ändern. Für die entsprechende Haremsatmosphäre, die sich übrigens auch problemlos ohne Bauchtanz-Darbietungen erreichen lässt, benötigt man in erster Linie Phantasie – und einen willfährigen Gast. Die orientalische Küche zeichnet sich vorrangig durch ihre »Mezze« aus, unterschiedlichste Vorspeisen, die ganz traditionell über mehrere Stunden hinweg eingenommen werden. Mithelfen und Anpacken ist dabei durchaus erlaubt, denn die Gerichte sind in der Regel vorbereitungsintensiv. Dafür garen sie sich dann umso schneller – und ganz von allein.

Im Mittelpunkt eines sultanischen Essens stehen meist Lamm, Fleischbällchen sowie jede Menge Getreide und Hülsenfrüchte. Fühlen Sie sich also ganz als Prinzessin auf der Kichererbse, wenn »Er« mit seinen Fingern genüsslich im Tabbouleh schwelgt. Bar jeglichen Besteckes, und sei es auch noch so teuer gewesen, bekommt das Essen mit der Hand an diesem Abend garantiert eine völlig neue sinnliche Dimension, die weit über die herkömmlichen vermeintlich »orientalischen« Erfahrungen von Kebab und Falafel hinausgeht.

Ebenfalls oasentypisch sind die allgegenwärtigen duftenden Blütenessenzen, die mit dem erfrischenden Zitrusgeschmack der Nationalfrucht Limette eine betörende Verbindung eingehen. Die Verführung aus dem Serail lässt wahrlich keine geheimen Wünsche offen – außer vielleicht denen, die aus Flaschengeist und Wasserpfeife entspringen. Deshalb »Hände weg« von Fatimas berauschendem Fluch! Sonst endet Ihr kulinarisches Märchen als glatte Fata Morgana!

*Vorspeise*

# Falafel mit Tomaten-Relish

*Vorbereitung: 30 Min. + Einweichzeit Kichererbsen + Ruhezeit Teig / Zubereitung: 10 Min.*

## Die Zutaten

**Falafel:**
150 g Kichererbsen, 250 ml Wasser, 1 Schalotte, fein gehackt, 1 Knoblauchzehe, fein gehackt, 1 EL Petersilie, fein gehackt, 1 EL Korianderblätter, fein gehackt, 1 gestr. TL gemahlener Kreuzkümmel, 1 Prise Backpulver, Pflanzenöl zum Fritieren, Meersalz

**Tomaten-Relish:**
1 kleine Tomate, geschält, entkernt und in feine Würfel geschnitten, 4 Scheiben Salatgurke (1 cm dick, in feine Würfel geschnitten), 1/4 Paprikaschote, grün, in feine Würfel geschnitten, 1 EL Petersilie, fein gehackt, 1 Prise Zucker, 1/2–1 TL Chilisauce, Pfeffer aus der Mühle, abgeriebene Schale und Saft von einer halben unbehandelten Zitrone, Meersalz

**Außerdem:**
Fladenbrot (dünnes Brot)

## Und los geht's

Mit den Vorbereitungen zu diesem Gericht sollten Sie spätestens am Vormittag beginnen, denn die Kichererbsen müssen mindestens 4 Stunden einweichen. Ich empfehle Ihnen aber, die Kichererbsen über Nacht einzuweichen, dann bringen Sie Ihr Timing nicht durcheinander. Einfach am Abend vorher mit 250 ml Wasser übergießen und zugedeckt bis zum Morgen quellen lassen.

Zwischenzeitlich bereiten Sie alle anderen Zutaten für das gesamte Menü vor: Es gibt nämlich viele Kräuter zu hacken, Zwiebel und Knoblauch zu würfeln, Gemüse zu putzen und Zitrusfrüchte zu reiben und auszupressen.

Wenn Sie all das erledigt haben und alle Ingredienzen bereitstehen, denken Sie schon mal vorab an die Tischdeko und arrangieren Geschirr, Gläser und Besteck.

Nun können Sie langsam wieder an den Herd zurückgehen.

Ich verspreche Ihnen, diese Vorspeise ist ein Gedicht:

Die gequollenen Kichererbsen in ein Sieb geben und sehr gut abtropfen lassen, dann in der Küchenmaschine zu einer feinen Paste pürieren. Schalottenwürfel, Knoblauch, Petersilie, Koriander, Kreuzkümmel und Backpulver in die Maschine geben und nochmals sehr kurz zu einem relativ groben Püree mixen.

Jetzt lassen Sie den Teig etwa 1/2 Stunde zugedeckt ruhen. In der Zwischenzeit könnten Sie vielleicht ein wenig Schönheitspflege betreiben. 1/2 Stunde reicht gerade für ein gründliches Peeling und anschließende Gesichtsmaske, mit der Sie dann zum Tabbouleh und der Joghurt-Sauce antreten dürfen.

Doch zuerst das Finale dieses Rezeptes, live am Abend!

Zunächst das Fritieröl in einem ausreichend großen, schweren Topf auf 180 °C erhitzen. Die Masse nochmals gut durchrühren. Und nun gibt's die klassische Aufgabenteilung: Sie formen die Falafelbällchen und er fischt sie wieder raus. Aus jeweils einem gehäuften Teelöffel der Kichererbsenmischung die überschüssige Flüssigkeit ausdrücken und mit angefeuchteten Händen kleine Bällchen formen. Diese dann ganz vorsichtig (Achtung! Spritzige Angelegenheit!) auf einem Schaumlöffel in heißes Fett legen und etwa 3–4 Minuten fritieren. Die Falafel danach herausheben (Er) und auf Küchenpapier gut abtropfen lassen.

### Anrichten

Zusammen mit den anderen Gerichten in schöne große Schalen oder Teller füllen und alle Vorspeisen gemeinsam als »Gelage« auf dem Tisch drapieren.

### Gabriellas secrets

Wenn Sie Schätzchen am Abend bitten, Ihnen beim Fritieren behilflich zu sein, schlagen Sie zwei Fliegen mit einer Klappe. Erstens verhindern Sie, dass irgendetwas ansengt oder zu unansehnlichen schwarzen Klößen verbrennt – und sollte doch einmal etwas misslingen, ist es zweitens seine Schuld ... Kleiner Timing-Tipp am Rande: Beginnen Sie erst zu fritieren, wenn alle anderen Dinge schon aufgetischt sind, der Wein eingegossen ist und Sie die Falafel dann auch wirklich heiß genießen können! (Kalt ist auch möglich, aber heiß macht mehr her.)

### Good to know

Falls die Falafelmasse zu feucht ist und sich schlecht formen lässt, haben Sie die Möglichkeit, diese mit etwas Mehl oder Speisestärke zu binden. Um zu verhindern, dass die Falafelbällchen beim Fritieren an dem Schaumlöffel festkleben, können Sie diesen im heißen Fett einfach ab und zu leicht schütteln.

*Vorspeise*

# Joghurt-Minzsauce

*Vorbereitung: 5 Min. / Zubereitung: 5 Min.*

## Die Zutaten

200 ml Naturjoghurt, 1 TL Maisstärke, mit 1 TL Wasser verrührt, 1 TL frische Minze, fein gehackt

## Und los geht's

Diese Sauce passt hervorragend zu fast allen orientalischen Gerichten. Den Joghurt mit der angerührten Maisstärke in einem großen Kochtopf glatt rühren und unter ständigem Rühren etwa 5 Minuten sanft köcheln lassen. Die Maisstärke verhindert das Gerinnen des Joghurts. Zum Schluss die gehackte Minze unterrühren und mit etwas Salz abschmecken.

## Anrichten

Die Joghurt-Sauce in einem möglichst orientalisch anmutenden Schälchen in Tellernähe aufstellen, weil man so ziemlich alles hineindippen kann, was auf dem Tisch steht.

## Gabriellas secrets

Diese Sauce schmeckt so phantastisch zu allen Gerichten, egal ob Huhn, Lamm oder Gemüse, dass ich in der Regel immer genug Joghurt und Minze einkaufe, um eventuell für den absoluten Notfall (welcher bei uns immer eintritt) noch nachlegen zu können. In diesem Fall rühre ich die Joghurt-Sauce dann ruckizucki kalt mit Minze und Salz an und verzichte auf die Maisstärke.

### Good to know

Die gekochte Sauce unterscheidet sich geschmacklich und in der Konsistenz von der kalt zubereiteten Version. Landestypischer ist auf jeden Fall die gekochte Variante.

*Vorspeise*

# Tabbouleh

*Vorbereitung: 15 Min. + Einweichzeit / Zubereitung: 2 Min.*

## Die Zutaten

25 g Bulgur, mittelfein geschrotet, 50 ml Wasser, 1/2 Bund glattblättrige Petersilie, fein gehackt, 1 mittelgr. Tomate, entkernt und in feine Würfel geschnitten, 1/2 Bund frische Minze, fein gehackt, 2 Frühlingszwiebeln, in feine Ringe geschnitten, 2 EL Zitronensaft, 1 EL Olivenöl, Meersalz, Pfeffer aus der Mühle

## Und los geht's

Zu Beginn weichen Sie den Bulgur für ca. 20 Minuten in Wasser ein und lassen ihn danach in einem Sieb gut abtropfen. Die restliche Flüssigkeit lässt sich am einfachsten mit einem Löffelrücken ausdrücken. Nun verrühren Sie separat den Zitronensaft, das Olivenöl, Salz und Pfeffer aus der Mühle zu einem Dressing. Jetzt brauchen Sie die vorbereiteten Zutaten: In einer großen Schüssel vermischen Sie den Bulgur, Petersilie, Minze, Frühlingszwiebeln, Tomatenwürfel und das Dressing miteinander. Das Ganze stellen Sie nun bis zur weiteren Verwendung kühl.

## Anrichten

Auch hier kurz vor dem Servieren in eine schöne große Schale füllen und auf dem Tisch platzieren.

### Gabriellas secrets

Das Tabbouleh passt als Beigabe zu fast allen Fleischgerichten. Ich serviere es manchmal auch, zusammen mit knackigen Salatblättern, als vegetarische Vorspeise.

### Good to know

Bulgur ist eine klassische orientalische Sättigungsbeilage auf Weizenbasis und wird zu Fisch, Fleisch und Geflügel gereicht. Er wird auch warm zubereitet und kann anstelle von Reis verwendet werden.

*Vorspeise*

# Rosa Linsen mit Koriandergrün

*Vorbereitung: 5 Min. / Zubereitung: 10 Min.*

## Die Zutaten

50 g rosa Linsen , 1/2 Schalotte, in feine Würfel geschnitten, 1 Msp. Kümmel, 1 EL Olivenöl, Pfeffer aus der Mühle, 1 TL feiner Obstessig (z. B. Apfel), 1 EL frisches Koriandergrün, fein gehackt, etwas Gemüsebrühe, wenig Meersalz

## Und los geht's

Auch dies ist eine ganz typische orientalische Vorspeise. Linsen gehören einfach dazu, besonders, wenn sie so fein wie diese schmecken. Sie beginnen, indem Sie einen kleinen Topf (ideal ist eine Sauteuse, also ein Saucenkochtopf) leicht vorheizen, Olivenöl angießen und die Schalottenwürfel glasig dünsten. Dann die Linsen und das Kümmelpulver zufügen und ca. 1– 2 Minuten unter ständigem Rühren erhitzen. Nun den Obstessig angießen, aufdampfen lassen, anschließend ein wenig Gemüsebrühe zugeben und alles nochmals verrühren. Sie können gerne noch Gemüsebrühe nachgießen, aber bitte nicht mehr, als die Linsen aufnehmen können. Am Ende mit Salz und Pfeffer aus der Mühle abschmecken und erst ganz kurz vor dem Servieren das gehackte Koriandergrün unterheben.

### Anrichten

Wiederum in einem kleinen hübschen Schälchen auf dem »Gelagetisch« aufgebaut.

### Gabriellas secrets

Dieses Linsengericht sollten Sie ganz kurzfristig zubereiten. Die Linsen machen auch anderwärtig in etwas größerer Menge als komplette Vorspeise eine gute Figur: warm mit einem Klacks Schafsjoghurt oder kalt als Beilage zu Salaten.

### Good to know

Ich halte alle warmen Vorspeisen gleichzeitig im Backofen heiß, bis die Falafel so weit sind. Sie können natürlich auch traditionell einen Gang nach dem anderen herbeizaubern, jedoch sollten die kalten Vorspeisen schon von Anfang an den Tisch zieren.

*Vorspeise*

# *Huhn-Pistazien-Bällchen*

*Vorbereitung: 15 Min.+ 15 Min. zum Anfrieren des Fleisches / Zubereitung: 15 Min.*

## Die Zutaten

100 g Hähnchenbrust, ohne Haut und Sehnen, 10 g frische Weißbrotkrumen, ohne Rinde, 10 g gehackte Pistazienkerne, 1/2 Ei, verquirlt, 1 Msp. Kurkuma, gemahlen, 1 Msp. Zimtpulver, 1 Msp. Koriandersaat, gemahlen, 15 g Mehl, 2 EL Olivenöl, Salz, Pfeffer aus der Mühle, Zitronenspalten zum Servieren

## Und los geht's

Falls Sie nun darüber nachdenken, ob dieses orientalische Gelage nicht doch zu viel Action bedeutet, darf ich Sie beruhigen. Zum einen wird Ihre Mühe hundertprozentig nicht umsonst sein, denn wo bitte kriegt er schon so was Tolles! Zum anderen sind die Portionen relativ klein bemessen. Immer, wenn er gerade der einen leer gefutterten Schüssel hinterhertrauert, zaubern Sie schon das nächste Karnickel aus dem Zylinder. (In diesem Fall ist es allerdings ein Hühnchen und obendrein noch ein ganz feines.)

Schneiden Sie die Hähnchenbrust in grobe Würfel und frieren Sie diese im Tiefkühler leicht an. Anschließend wird das Geflügel in der Moulinette oder alternativ von Hand mit einem großen Küchenmesser und Schneidebrett gehackt.

Nun vermengen Sie das Hähnchenhack sehr sorgfältig mit den Weißbrotkrumen, Pistazien, Ei und den Gewürzen. Je einen gestrichenen Teelöffel der Mischung mit den Händen zu Bällchen formen und in Mehl wälzen. Denken Sie daran, das überschüssige Mehl gut abzuschütteln und bewahren Sie die Huhn-Pistazien-Bällchen bis zur weiteren Verwendung auf einem zugedeckten Teller im Kühlschrank auf. Am Abend werden die Bällchen dann gebraten – am besten kurz vor den Falafeln, dann kann Ihr Herzbube gleich wieder mit anfassen und kommt nicht aus dem Takt.

Eine schwere Pfanne mittelstark vorheizen, das Öl hinzufügen und die Bällchen rundherum gut und gleichmäßig bräunen.

Um den Fettgehalt zu reduzieren, lassen Sie die gebackenen Kugeln noch ein paar Sekunden auf Küchenkrepp entfetten – schon ist das nächste Gericht fertig.

### Anrichten

Eine weitere Schale oder ein Teller ergänzt den prachtvollen Tisch um ein weiteres leckeres Gericht. Servieren Sie am Rand noch einige Zitronenspalten zum Beträufeln.

### Gabriellas secrets

Diese Bällchen eignen sich auch wieder hervorragend als Beigabe zu einem knackigen Salat, wenn's mal nicht ein ganzes Abendessen in mehreren Gängen sein soll. Die Menge dürfen Sie dann selbst bestimmen. Vielleicht kombinieren Sie das Gericht mit den Rosa Linsen zur »orientalischen Salatvariation«.

## Good to know

Bei Zubereitung in der Moulinette ist das Anfrieren unerlässlich, da durch das schnell drehende Messer mechanische Wärme entsteht, was dazu führt, dass sich Fett von Eiweiß trennt. Dann bekommt man keine Bindung mehr zustande.

*Vorspeise*

# Lammfleischröllchen

*Vorbereitung: 25 Min. / Backzeit: 15–20 Min.*

## Die Zutaten

125 g Lammhack, 2 EL Olivenöl, 1 Schalotte, in feine Würfel geschnitten, 25 g Pinienkerne, 10 g Rosinen, gehackt, 1 TL frischer Koriander, gehackt, 2 TL geriebener Cheddarkäse, 1 TL frische Minze, gehackt, Pfeffer aus der Mühle, 100 g Filoteig (fertig aus dem Kühlregal: s. u. »Good to know«), 20 g Butter, zerlassen, Salz

## Und los geht's

Haben Sie die Zutaten schon vorbereitet, wie ich es oben beschrieben habe? Braves Mädchen! Dann beginnen Sie jetzt damit, den Filoteig aus dem Gefrierschrank zu nehmen, denn den brauchen Sie gegen Ende der Vorbereitungen. Legen Sie auch schon vorsorglich ein Backblech mit Backpapier aus. Auf dem Herd dürfen Sie nun eine schwere Pfanne mittelstark vorheizen, das Olivenöl angießen und die Schalottenwürfel mit den Pinienkernen ca. 5 Minuten anbräunen.

Dann sollten Sie die Temperatur erhöhen, das Lammfleisch dazugeben und unter ständigem Rühren 5 Minuten braten, bis die Flüssigkeit völlig verdampft ist. Jetzt erfüllt der ganze Duft des Orients den Raum, stimmt's?

Danach nehmen Sie die Pfanne von der Kochstelle und lassen den Inhalt abkühlen. Anschließend werden die gehackten Rosinen, Käse, Koriander, Minze, etwas Salz und genügend Pfeffer untergerührt. Nun geht's ans Füllen der Röllchen und dafür brauchen Sie etwas mehr Platz. Am besten, Sie nutzen den Esstisch als große Arbeitsfläche:

Von dem Filoteig 4 Teigblätter auf die Arbeitsfläche legen und mit einem scharfen Messer oder einer Küchenschere längs in jeweils 3–4 Streifen schneiden. Die Streifen einmal halbieren, nebeneinander legen und sehr zart mit zerlassener Butter bepinseln.

Jeweils an das Ende eines Teig-Streifens einen Esslöffel Lammmischung setzen, die Enden und die Seiten einschlagen und die Teigblätter aufrollen.

Die Röllchen vorsichtig auf das vorbereitete Backblech legen und mit der übrigen Butter bepinseln, dann werden sie ganz knusprig.

Erst abends den Backofen auf 180 °C vorheizen und die Lammröllchen 15–20 Minuten backen, bis sie goldbraun sind.

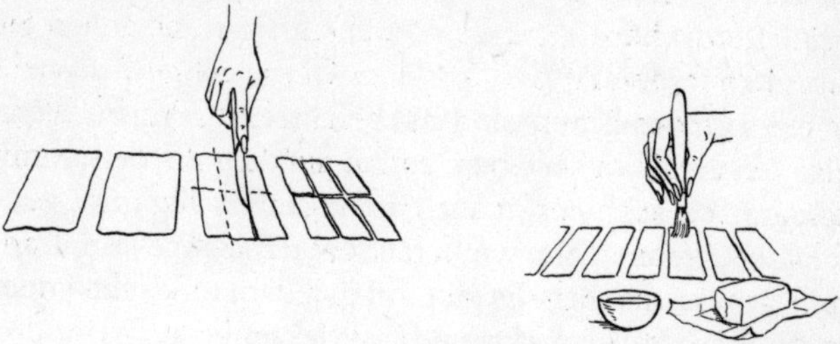

### Anrichten

Mein Gott, weiß Ihr Süßer eigentlich, was er an Ihnen hat? Simsalabim – und wie durch Zauberhand fliegt ein weiteres Schälchen mit einer traumhaften Spezialität aus 1001 Nacht herein. Platzieren Sie sie in der Nähe der Joghurt-Sauce, die schmeckt dazu nämlich am allerbesten.

### Gabriellas secrets

Diese knusprigen Lammfleischröllchen sind wieder hervorragend vorzubereiten, da man sie erst kurz vor dem Servieren in den Ofen schiebt. Sie kommen ganz überraschend aufs Tablett und beanspruchen keine Zeit mehr am Abend. Bitte klären Sie aber vorab, ob Ihr »Scheich« auch Lammfleisch mag. Sonst tauschen Sie es einfach gegen Rinderhack aus, das funktioniert genauso gut, schmeckt aber nicht ganz so orientalisch.

### Good to know

Diese Lammröllchen sind auch kalt ein Genuss. Wenn also etwas übrig bleiben sollte: einfach in den Kühlschrank, sie schmecken auch am nächsten Tag noch gut.

Filoteig kennen Sie, wenn Sie schon mal eine Frühlingsrolle gegessen haben. Es gibt ihn in jedem türkischen oder arabischen Supermarkt und mittlerweile auch in den Feinkostabteilungen normaler Supermärkte.

*Hauptgang*

# *Hähnchenbrust mit Limette*

*Vorbereitung: 10 Min. + Marinierzeit / Zubereitung: 10 Min.*

## Die Zutaten

1 Hähnchenbrustfilet, von Fett und Sehnen befreit,
1 EL Olivenöl

***Marinade:***
1 EL Limettensaft, 1/2 TL gemahlener Koriander,
1/2 TL gemahlener Kreuzkümmel, 1/4 TL Kurkuma,
1 TL frische Minze, fein gehackt, frische Korianderblätter zum Dekorieren

***Außerdem:***
Duftreis

## Und los geht's

Bei dieser Hauptspeise wird die erfrischende, zitronige Einzigartigkeit der orientalischen Küche am deutlichsten. Auch dieses Gericht ist wunderbar vorzubereiten, da das Fleisch relativ lange in der Marinade verbleiben kann und dadurch immer intensiver schmeckt. Sie können es ohne Probleme auch schon am Abend vorher einlegen.

Schneiden Sie zu Anfang das Hähnchenbrustfilet in ca. 1 cm dicke Streifen. Danach verrühren Sie die Zutaten der Marinade miteinander und wenden das Fleisch darin. Die Mindest-Marinierzeit beträgt 2 Stunden.

Wenn Sie das Fleisch dann am Abend zubereiten möchten, stellen Sie zuerst den Reis auf, nehmen das Geflügel aus der Marinade und lassen es gut abtropfen. Die Marinade kurz beiseite stellen.

Eine schwere Pfanne erhitzen, das Olivenöl angießen und die Hähnchenbruststreifen 5 Minuten darin braten. Anschließend die Marinade dazugeben und unterrühren.

### Anrichten

Sie können auch dieses Gericht in einer größeren Schale servieren. Sollten Sie nicht genügend davon zur Verfügung haben, wärmen Sie die Teller unbedingt an und servieren Sie diesen Gang direkt. Vergessen Sie nicht, den Hauptgang mit etwas frischem Koriander zu garnieren.

### Gabriellas secrets

Da Sie und Ihr Liebster sich vor diesem Gericht schon an diversen himmlischen Vorspeisen laben konnten, empfehle ich, vor diesem Hauptgang eine Pause einzulegen. Überlegen Sie sich deshalb doch vorab etwas, das Sie ihm zeigen können. Ihr Bauchnabel-Tattoo sollten Sie sich aber vielleicht noch für später aufheben …

### Good to know

Es gibt wirklich einen großen geschmacklichen Unterschied zwischen Limetten (Limonen) und Zitronen. Darum kann ich Ihnen nur wärmstens empfehlen, diese nicht gegeneinander auszutauschen. Das Gericht schmeckt mit Limetten einfach umwerfend.

*Dessert*

# *Gefüllte Backäpfel mit einem Sirup aus Rosenwasser*

*Vorbereitung: 10 Min. / Backzeit: 20 Min.*

## Die Zutaten

***Apfel:***
1 großer Apfel (Golden Delicious), quer halbiert, etwas Butter, zum Einfetten

***Füllung:***
10 g kandierte Aprikosen, fein gehackt, 25 g Sultaninen, 1 TL kandierter Ingwer, fein gehackt, Sirup, Schale einer halben unbehandelten Limette, in feine Streifen geschnitten, 60 g Zucker, 100 ml Wasser, 1 TL Rosenwasser

## Und los geht's

Diese Bratäpfel schmecken sehr leicht und duften verführerisch nach einem ganzen Rosengarten.

Bereiten Sie dieses Gericht ruhig auch schon vor, Sie brauchen es dann nur noch zu backen. Alle Zutaten für die Füllung klein schnippeln und parat stellen, anschließend eine kleine ofenfeste Form einfetten.

Nun vermischen Sie die Aprikosen mit dem Ingwer, den Sultaninen und den Limettenstreifen. Den Sirup kochen Sie folgendermaßen:

Zucker, Wasser und Rosenwasser in einen Topf geben und bei schwacher Hitze köcheln lassen, bis sich der Zucker vollständig aufgelöst hat und ein dicklicher Sirup entsteht. Diesen gießen Sie in die Auflaufform. Von den halbierten Äpfeln entfernen Sie das Kerngehäuse und verteilen die Füllung auf beide Apfelhälften. Nun die Form abdecken.

Am Abend bei Bedarf dann nur noch den Backofen auf 180 °C vorheizen und die Bratäpfel 20 Minuten backen.

Zwischendurch ab und zu mit dem Sirup begießen.

### Anrichten

Die gebratenen Äpfel auf einen Teller setzen und Füllung und Sirup vorsichtig darüber träufeln.

### Gabriellas secrets

Ich bereite die Füllung komplett vor und stelle den fertig gemischten Sirup bereit. Erst wenn's dann so weit ist, halbiere ich die Äpfel und fülle sie. Man weiß ja vorher nie, wie gesättigt der Süße ist. Notfalls serviere ich dies als kleine Überraschung – danach …

Dazu passt übrigens hervorragend süße Sahne. Ich mag fertige Sprühsahne an sich nicht so gerne, aber mit ihr lassen sich so manche originelle Verzierungen machen – wohin auch immer …

### Good to know

Das Rosenwasser gibt dieser Nachspeise einen wunderbaren Geschmack, mal ganz abgesehen vom überirdischen Geruch. Sie bekommen es (ebenso wie den kandierten Ingwer) in orientalischen bzw. türkischen Lebensmittelläden. Ich habe es aber auch schon in Apotheken gefunden.

## Orient-Cocktails

### *Aladins Wunderlampe*

***Zutaten für 2 Drinks:*** 12 cl Maracuyasaft, 1 cl Grenadinesirup (Monin), 4 cl weißer Rum (Bacardi Rum – light dry), 8 cl Myers's Rum, 4 cl Triple Sec Curaçao, Eiswürfel

***Deko:***
1 Orangenscheibe, 2 Maraschinokirschen mit Stiel, 2 Limettenviertel, 2 Trinkhalme

Füllen Sie zwei Gläser zu 1/3 mit Eiswürfeln auf. Anschließend geben Sie alle Zutaten in einen Shaker und mixen kräftig drauflos. Gießen Sie jeweils eine Hälfte in ein Glas mit Eis.

Nun dekorieren Sie Ihren Drink mit je einer Maraschinokirsche, die Sie mit Stiel ins Glas geben, einer halben Orangenscheibe am Glasrand und einem Limettenviertel, das Sie über dem Drink auspressen und danach ins Glas geben. Dazu einen möglichst dicken Trinkhalm verwenden. Zum Wohl!

Eine sehr orientalisch-prickelnde Version ist auch der folgende Drink (ebenfalls für 2 Personen): Sie verteilen 6 cl frisch gepressten Limettensaft, 4 cl Rohrzuckersirup und 10 cl Wodka in zwei Gläser, die mit Eiswürfeln gefüllt sind. Dazu kommen jeweils 8–10 Minzblättchen und ein Schuss Mineralwasser. Wenn das nicht zum Hüftschwung anregt?

## Weinempfehlungen

Wenn Sie die Kunst des Bauchtanzes beherrschen sollten, wird das Blut Ihres Liebsten ohne Frage recht schnell in Wallung kommen. Wenn nicht, habe ich hier Weine für Sie, die ihn sicherlich auch mitschwingen lassen.

Orientalische Gewürze wie Koriander oder Kreuzkümmel verlangen viel Balance zwischen Speisen und Trank. Erotische und fleischige Rote sowie lustvolle Weiße mit einem Hauch von betörender Süße sind gute Begleiter für Orientalisches: Elsässer Tokay Pinot Gris, ungarischer Tokajer sowie nach Limone duftende neuseeländische Rieslinge.

Der hocharomatische, nach Stachelbeeren schmeckende Sauvignon blanc von Selaks aus Neuseeland (22 Mark) ist die etwas zartere Alternative.

Erwähnenswert ist vielleicht noch, dass in der orientalischen Welt das Trinken von Alkohol zum Essen keine Tradition hat. Pfefferminztee wird frisch mit Blättern gebrüht und passt erstaunlicherweise zu vielen Gerichten. Deswegen hat sich auch nur stellenweise eine Weinkultur entwickeln können – vor allem im französisch beeinflussten Libanon, wo der beste Rotwein der orientalischen Welt herkommt, der recht animalische, süffige Château Musar (ab 39 Mark).

Ein orientalisches Menü freut sich besonders über Weine mit Feuer und exotischen Gewürzen, wie sie bei gewissen Rotweintypen vorkommen: dem sinnlichen Châteauneuf-du-Pape von der Domaine de Villeneuve (für ungewöhnliche 29 Mark), dem nach schwarzen Beeren und Minze duftenden Les Arbousiers von der Rhône-Domaine Réméjeanne (erstaunliche 14 Mark) oder dem auf wildfruchtiger Basis erzeugten sexy Wein »La Falaise« vom Château de la Negly (19,80 Mark) aus dem südfranzösischen Languedoc. Eine Aromenfülle aus Lebkuchen, Zimt, Pflaumen, Kräutern und Rauch entfaltet der erotisch anmutende Gigondas von der Domaine Santa Duc (25 Mark).

Für die »Schluckspechte« unter Ihnen, die gar nicht genug kriegen können, hier ein Dessertwein mit üppiger

Süße: der exzellente und bezahlbare Sauternes »Liot« (in der halben Flasche 24 Mark).

## Tischdekoration

### Vorschlag 1

Zu diesem orientalischen Gelage passen entweder die üppige Pracht verschwenderischer Fülle oder eine moderne Arabien-Version für Puristen, die ihre Phantasien lieber im Kopf ausleben …

***Materialien:***

Tücher und Stoffe in Gewürzfarben, Brokatbordüren, Posamenten + Kordel, orientalische Teller oder Schalen, mehrarmiger Kerzenleuchter + Kerzen, 4–5 Blumensteckwürfel, Trockenblumen und Blätter, Feigen, Pflaumen und andere lila Früchte

Bei dieser prächtigen Tischdekoration fehlt wirklich nur noch Suleikas Bauchtanznummer: Besorgen Sie sich Tücher und glänzende Stoffreste. Diese bekommen Sie besonders günstig in den Orient-Stoffläden. Wählen Sie Farben, welche die Gewürze des Morgenlandes widerspiegeln: gelbe bis orangene Currytöne, sanftes Braun, verführerisches Dunkelrot und – bitte nicht erschrecken – lockern Sie z. B. mit einem grellen Pink auf. Das wirkt zusammen unglaublich gut. Legen Sie die Stoffe über kleine Erhebungen aus Blumensteckwürfeln, so bekommen die verschiedenen Schalen jeweils einen kleinen Thron auf unterschiedlichen Ebenen. An die Enden der Stoffbahnen brauchen Sie nur dicke Knoten zu machen und sie bis zum Boden hängen zu lassen. Dazwischen hier und da ein wenig goldener Brokat, ausdekoriert und ergänzt mit Kordeln und Posamenten, fertig ist die orientalische Lasterhöhle ... Ein schwerer, mehrarmiger Kerzenleuchter komplettiert die Stimmung aus 1001 Nacht in Ihren vier Wänden.

Nun bleibt Ihnen nur noch, die Trockenblumen und Blätter – die übrigens in jedem Bastel-Laden erhältlich sind – zu verteilen und eventuell mit Feigen oder anderen Früchten zu ergänzen. Diese Deko sieht ungeheuer aufwendig aus, ist aber wirklich kinderleicht herzustellen.

Schwere Düfte, die Sie in den Raum versprühen oder in der Duftlampe verdunsten lassen, unterstreichen die anregende Atmosphäre Ihres ganz privaten Harems.

VORSCHLAG 2

***Materialien:***

weiße einfache Tischdecke, weiße Kerzen in verschiedenen Formen und Größen, Linsen in verschiedenen Farben: gelb, orange, rosa ...

Diese moderne Variante lebt von dem umwerfenden Effekt, aus ganz gewöhnlichen Linsen eine Tischdekoration zu zaubern. Außerdem lässt sich in diesen kleinen Dingern unheimlich gut scharren und rumspielen. Es gibt Leute, die so über Stunden hinweg mosaiklegend und musterverspielt eine nonverbale Kommunikation geführt und sich nie missverstanden haben sollen!

Auf einer weißen Tischdecke inszenieren Sie ein Lichtermeer aus Kerzen. Diese sollten alle weiß sein und alle erdenklichen Formen haben: kleine kugelige, große schmale, Stumpenkerzen in möglichst vielen unterschiedlichen Höhen. Die höchsten Kerzen in die Mitte, die kleineren drumherum platzieren, aber um Gottes willen nicht zwischen Sie und Ihren Schatz, lieber etwas am Rand. Zu Füßen dieses Kerzenaltars streuen Sie nun beliebige Muster aus den verschiedenen Linsen: Paisleymuster sind sehr passend oder legen Sie Zwiebeltürmchen, Bauten, Tore usw., je nach Begabung und Laune. Auch orientalische Schriftzeichen oder sogar Buchstaben eignen sich hervorragend. So, und das war's auch schon. Ich würde hier komplett auf Blumen verzichten, das wäre schon zu viel des Guten. Schließlich sitzt die schönste Blume des Abends doch direkt vor seinen Augen.

## Einkaufsliste

***Fleisch/Fisch:***

100 g Hähnchenbrust, 125 g Lammhack, 1 Hähnchenbrustfilet

***Gemüse/Obst:***

3 Schalotten, 1 Knoblauchknolle, 1 Bund Petersilie, 1 Bund Korianderblätter, 2 Tomaten, 1 kl. Salatgurke, 1 Paprikaschote, 3 unbehandelte Zitronen, 1 Bund frische Minze, 2 Frühlingszwiebeln, 1 Limette (unbehandelt), 1 großer grüner Apfel

***Feinkost (türkisch)/Supermarkt***

150 g Kichererbsen, gemahlener/ungemahlener Kreuzkümmel, Backpulver, Chilisauce, 200 ml Naturjoghurt, Maisstärke, 25 g Bulgur, 50 g rosa Linsen, Weißbrot, 10 g Pistazienkerne, 25 g Pinienkerne, 1 Ei, Kurkumapulver, Zimtpulver, Koriandersaatpulver, Rosinen, geriebener Cheddar,
100 g Filoteig, Butter, 10 g kandierte Aprikosen, kandierter Ingwer, Sultaninen, Rosenwasser

***Getränke:***

Weine (siehe »Weinempfehlungen«), Wasser, Cocktailzutaten (siehe Rezept)

***Dekoration:***

Materialien, Zutaten laut Vorschlägen oder nach Wunsch

***Was Sie wahrscheinlich im Haus haben:***

Pflanzenöl zum Fritieren, Zucker, Meersalz, Pfeffer aus der Mühle, gutes Olivenöl, feiner Obstessig, Gemüsebrühe, Mehl, Zucker

## Ihr Zeitplan

***Vormittag:***

Einkaufen, Kichererbsen einweichen

***Nachmittag:***

- Wein kühlen,
- alle Zutaten abmessen und bereitstellen,
- Hähnchenbrustfilet einlegen,
- Joghurtsauce zubereiten,
- Huhn-Pistazien-Masse herstellen,
- Bällchen daraus formen,
- Lammfleischröllchen vorbereiten,
- Backäpfel füllen,
- Tomaten-Relish zubereiten,
- Tabbouleh,
- Falafelteig herstellen,
- Tisch dekorieren,
- Cocktails vorbereiten,
- Stylen

***Abend:***

- Schalen mit kalten Gerichten auf den Tisch stellen,
- Kerzen anzünden,
- Cocktail anbieten,
- Falafel formen und fritieren,
- Rosa Linsen zubereiten,
- Lammfleischröllchen in den Ofen schieben,
- Duftreis aufsetzen,
- Huhn-Pistazien-Bällchen braten,
- Lammfleischröllchen servieren,
- Backäpfel in den Ofen geben,
- Limettenhuhn braten,
- Hauptgang servieren,
- Backäpfel servieren

# Corrida amorosa

## Spanisches Menü

VORSPEISE
***Tumbet***
***(Soufflé de verduras a la mallorquina)***
*Mallorquinischer Gemüseauflauf*

ZWISCHENGERICHT
***Rodaballo con puré de basílico y salsa de azafrán***
*Steinbuttfilet auf Basilikumpüree und Safransauce*

HAUPTGANG
***Cochinillo a la mallorquina***
*Schweinelende auf mallorquinische Art*

*oder:* ***Arroz mediterráneo***
*Reis mit Fisch und Hummer*

DESSERT
***Budín de chocolate con almendras y dulce de naranja***
*Warmer Schokoladenauflauf mit Mandeln und Orangensauce*

## *Zur Einstimmung*

Es ist totenstill; die Menge hält den Atem an; wutschnaubend läuft der Stier auf den Matador zu, doch der dreht sich nur elegant um die eigene Achse und lässt das Tier ins Leere laufen. Dann winkt er huldvoll zur Tribüne hoch. Die Arena liegt ihm zu Füßen. Beim spanischen »Menudo« geht es ähnlich zu wie bei einer Corrida: Sie werden zur umschwärmten Torera und packen den Stier bei den Hörnern, bis das Opfer hilflos am Boden liegt …

Die Waffen Ihres mallorquinischen »Angriffs«, fernab von Ballermann und Brathähnchen, heißen »Tapas« und »Tumbet«, doch blutrot fließt höchstens der schwere Rioja. Spanien, insbesondere Mallorca, das Herzstück der Balearen, zeichnet sich durch eine sehr bodenständige Küche aus. Wild und Kaninchen stehen auf der Speisekarte ganz oben, die stolzen Iberer sind leidenschaftliche Jäger, doch auch Schwein und Lamm haben ihren festen Platz in der spanischen Küche. Berühmteste Exportschlager sind der »Jamón Serrano«, einer der weltbesten Schinken, sowie »Flor de Aceite«, eines der teuersten Olivenöle schlechthin.

Als verführerischer Abschluss findet der Karamelpudding (Flan) immer und überall Verwendung, obwohl er sich in wachsender Konkurrenz zu den allgegenwärtigen süßen Verführungen aus Mandeln und Kakao befindet. Schlemmen à la España ist nichts für Diätisten, abgenommen wird, wenn überhaupt, »mañana«. Nicht umsonst ist »Aioli«, die traditionelle Knoblauchmayonnaise für Weißbrot, Fisch und Saucen, eine Kalorienbombe von der Stärke eines Armada-Geschosses.

Kochen Sie also mucho – viel – und zögern Sie nicht, wenn er más – mehr – möchte. Und wenn ihm schließlich alles spanisch vorkommt, sagen Sie einfach: Sì, señor!

*Vorspeise*

# *Tumbet (Soufflé de verduras a la mallorquina)*

## *Mallorquinischer Gemüseauflauf*

*Vorbereitung: 20 Min. / Zubereitung: 20 Min.*

### Die Zutaten

1/2 Aubergine, 1 Kartoffel, 1 grüne Paprika, 4 vollreife Tomaten, 1 Schalotte, in feine Scheiben geschnitten, 1 Knoblauchzehe, in feine Scheiben geschnitten, 1 Lorbeerblatt, 100 ml Rotwein, 1 TL Zucker, 1 TL Rotweinessig, Meersalz, Pfeffer aus der Mühle, Olivenöl, Kräuterzweiglein zum Dekorieren (z. B. Rosmarin oder Thymian)

### Und los geht's

Tumbet ist eine ganz typische mallorquinische Vorspeise. Wir haben uns allerdings erlaubt, dieses sehr ursprüngliche Gericht ein wenig zu verfeinern.

Das Gemüse in hauchdünne Scheiben schneiden, salzen, pfeffern und in einer Pfanne mit ganz wenig Olivenöl einzeln anbraten. Die Kartoffeln brauchen am meisten Zeit, damit sie später nicht härter als die anderen Gemüse sind. Anschließend das Gemüse gleichmäßig auf zwei kleine feuerfeste Auflaufformen verteilen, die Sie vorher leicht mit Olivenöl ausstreichen.

Nun die Tomaten würfeln. Einen Topf vorheizen, etwas von dem Olivenöl angießen und die Schalotten und den Knoblauch unter Rühren glasig dünsten. Jetzt können Sie die Tomatenwürfel und das Lorbeerblatt zugeben und bei starker Hitze kochen.

Nach kurzer Zeit werden der Rotwein und der Rotweinessig angegossen, alles einmal kräftig aufgekocht und dann bei milder Hitze zu einem dicklichen Brei eingeköchelt.

Wenn Sie mögen, können Sie die Sauce nochmals durch ein grobes Sieb passieren, ich persönlich liebe die tomatigen groben Stücke sehr und verzichte darauf.

Entfernen Sie nun das Lorbeerblatt und schmecken die Tomatensauce mit Zucker, Salz und Pfeffer ab.

Schmeckt toll, nicht wahr?

Anschließend gießen Sie die Sauce über das Gemüse in die Auflaufform und lassen alles bei 150 °C im Backofen in 20 Minuten garen.

### Anrichten

Die Auflaufformen aus dem Ofen nehmen, auf zwei Teller stellen und das Tumbet mit einem Kräuterzweiglein dekorieren. Servieren und warnen: Vorsicht – heiß!

### Gabriellas secrets

Das Gemüse lässt sich phantastisch mit der Brotschneidemaschine in feine Scheiben schneiden. Das bringt zwei große Vorteile: Erstens ist die Verletzungsgefahr am geringsten und zweitens werden die Scheiben wunderbar gleichmäßig.

Wenn Sie keine zwei kleinen Auflaufformen haben,

nehmen Sie eine große und verteilen das fertige Tumbet auf vorgewärmte Teller.

Dieses Gericht ist, wie fast alle unsere Rezepte, schon perfekt vorzubereiten. Sie können es komplett im Ofen verstecken und bei Bedarf, während des Begrüßungscocktails, den Ofen einschalten.

Kalkulieren Sie 20–25 Minuten Garzeit ein. Sie wissen ja: Gutes Timing ist alles!!!

### Good to know

Tumbet ist ein traditionelles Gericht aus der mallorquinischen Landesküche und wird normalerweise mit sehr großen Mengen Olivenöl zubereitet (um nicht zu sagen: in Öl ertränkt). Erfahrungsgemäß wird das Gemüse auf der Insel so lange gegart, bis es im Öl völlig zerkocht ist (und so schmeckt es dann auch).

Wir haben den Vitaminen und der Figur zuliebe diesen Auflauf ein wenig modernisiert, den Ölgehalt drastisch reduziert, die Garzeiten verändert und trotzdem den typischen ursprünglichen Geschmack erhalten können.

*Zwischengericht*

# Rodaballo con puré de basílico y salsa de azafrán

## Steinbuttfilet auf Basilikumpüree und Safransauce

*Vorbereitung: 20 Min. / Zubereitung: 15 Min.*

### Die Zutaten

***Fisch:***

2 Steinbuttfilets à 100 g (ersatzweise Seezungenfilets), Meersalz, Pfeffer aus der Mühle, 1 EL Olivenöl, 1 EL Butter

***Basilikumpüree:***

30 g frisches Basilikum, 30 g Blattspinat, Meersalz, Pfeffer aus der Mühle, 2 EL Sahne

***Safransauce:***

200 ml Fischfond, 2 cl Noilly Prat, ein trockener frz. Wermut (ersatzweise Martini/Cinzano extra dry), 1 Schalotte, in feinen Würfeln, 1 TL Weißweinessig, 20 g Butter, 2 EL Sahne, einige Safranfäden (alternativ: Pulver), 1 EL Butter, Meersalz, Pfeffer aus der Mühle

### Und los geht's

Das Basilikum und den Spinat putzen, waschen, in einem kleinen Topf Salzwasser ca. 1 Minute kochen (also nur ganz hurtig rein und raus) und anschließend in Eiswasser abschrecken. Das Ganze nennt man blanchieren. Das Gemüse gut abtropfen lassen und grob hacken.

Nun die Sahne aufkochen lassen und ein wenig reduzieren. Das gut abgetropfte Basilikum mit dem Spinat hinzufügen, salzen, pfeffern, das Ganze mit dem Mixstab pürieren und vom Feuer nehmen.

Als Nächstes machen Sie sich an die Safransauce:

Die Schalottenwürfel in einem Topf, am besten in einer Sauteuse, zusammen mit der Butter glasig dünsten. Dann gießen Sie den Essig an, lassen ihn verdampfen und geben den Noilly Prat zu. Nun die restlichen Zutaten hinzufügen und die Sauce sämig einkochen. Kurz abschmecken und warm halten.

Zum Schluss kommt das Fischfilet an die Reihe.

Während Sie eine Pfanne mittelheiß werden lassen, salzen und pfeffern Sie die Steinbuttfilets von beiden Seiten. Dann dürfen diese zerbrechlichen Fischlein wirklich nur *30 Sekunden pro Seite* in Olivenöl angebraten werden. Anschließend die Pfanne sofort vom Herd nehmen und die Fischfilets in der Resthitze ganz langsam garen.

## Anrichten

Zuerst schlagen Sie die Safransauce noch einmal mit einem Schneebesen gut auf und gießen in die Mitte der vorgewärmten (!!!) Teller einen Saucenspiegel. Darauf das Steinbuttfilet drapieren. Nun stechen sie mit einem Tee- oder Esslöffel 2 Nocken aus dem Basilikumpüree aus und dekorieren diese an der Seite des Fisches. Ich kann Ihnen versichern: Es schmeckt genauso toll, wie es aussieht.

## Gabriellas secrets

Diesen Gang unbedingt komplett live kochen – durch die kurzen Garzeiten ist das auch kein Problem. Mit dem Püree, der Sauce und vor allem mit dem Fisch dürfen Sie ohnehin nur sehr zärtlich umgehen, vorkochen ist nicht. Die Zutaten sollten Sie allerdings perfekt vorbereiten und abmessen, dann geht's ganz flott.

### Good to know

Blanchieren, also das kurze Angaren von Gemüse und anschließende Abschrecken in Eiswasser, wird besonders gerne bei Broccoli, Spinat und Bohnen angewandt. Durch das Eiswasser wird der Garprozess unterbrochen und durch den schockartigen Temperaturwechsel tritt der Pflanzenfarbstoff besonders deutlich zutage.

*Hauptgang*

# *Cochinillo a la mallorquina*

## *Schweinelende auf mallorquinische Art*

*Vorbereitung: 10 Min. / Zubereitung: 35 Min.*

### Die Zutaten

1 Schweinelende, ca. 200 g, 1 kleine Fenchelknolle, in feinen Scheiben, 10 g grüne Oliven (ca. 8), ohne Stein, fein gehackt (möglichst Sevilla-Oliven), 2 EL Olivenöl, 6–7 Salbeiblätter (4 davon zur Deko), Meersalz, Pfeffer aus der Mühle, 2 cl Hierbas (span. Kräuterlikör), 100 ml Landwein, weiß, 1 EL Butter

### Und los geht's

Wenn alle Zutaten – wie oben beschrieben – vorbereitet sind, können Sie die Schweinelende erst salzen und anschließend gut pfeffern.

Den Ofen auf 200 °C vorheizen und gleichzeitig eine Pfanne ordentlich erhitzen. Dann das Öl angießen und das Fleisch gut von allen Seiten anbraten, bis es richtig schön kross ist.

Nun kommt wieder Trick 17: Die Tiefgarmethode ist wie gemacht für dieses Gericht, jedoch gibt es hier eine kleine Variation.

Das angebratene Fleisch in der Pfanne bei 200 °C für 6 Minuten in den Backofen geben. Dann die Lende aus der Pfanne nehmen und auf eine Extraplatte legen (die Pfanne nicht ausspülen!!!).

Jetzt die Ofentür sperrangelweit auflassen und die

Temperatur auf 75 °C runtercoolen. Das Schweinefilet zurück in den Ofen geben. Bei dieser perfekten Temperatur sollte das Filet nun mindestens 20 Minuten, aber gerne auch länger im eigenen Saft garen und sanft zu dem Grad an Zartheit gelangen, für die »Er« Sie später lieben wird.

Und weiter zur sensationellen Beilage:

In der Pfanne mit dem Bratensatz wird nun die Sauce gezogen, indem Sie die Fenchelscheiben, die gehackten Oliven und die Salbeiblätter heiß rühren. Jetzt brauchen Sie nur noch den Hierbas und den Wein anzugießen und das Gemüse sämig einkochen zu lassen.

Zum Schluss einen Esslöffel Butter zum Abrunden dazugeben und abschmecken.

## Anrichten

Das Schweinefilet schräg in Scheiben schneiden. Am besten geht das mit einem Elektromesser oder einem scharfen Fleischmesser (aber wessen Messer sind schon wirklich scharf?). Übrigens ein guter Anlass, ihn darum zu bitten, sich bei Gelegenheit mal um das Messerschleifen zu kümmern (siehe S. 233). Die Filetscheiben auf vorgewärmten Tellern anrichten, mit der Sauce nappieren, d. h. nur teilweise übergießen (s. u.) und mit den restlichen Salbeiblättern verzieren.

## Gabriellas secrets

Auch hier ist es möglich, den Menügang schon vor dem Zwischengericht anzubraten und in der Röhre verschwinden zu lassen. Er kann dort bei 75 °C ungestört einige Stunden verweilen und wartet dann ganz zart gegart auf Ihren Verehrer.

Als zusätzliche Beilage können Sie nach Wunsch geröstetes Knoblauchbrot anbieten oder Kartoffeln längs halbieren und diese mit Olivenöl einpinseln, salzen, pfeffern und Muskatnuss darüber streuen. Wer mag, kann ein wenig Kümmel darüber geben und die Kartoffeln mit dem Fleisch auf unterster Stufe im Ofen mitgaren.

### Good to know

Die feinere Art, die Sauce auf einen Teller zu bringen, bezeichnen Kochprofis als nappieren. Damit ist gemeint, dass die Sauce nicht über das gesamte Fleisch »gekippt« wird (wie bei Muttern), sondern mit einem Löffel ganz vorsichtig nur ein Teil des Fleischstückes mit Sauce überzogen wird.

Noch ein Tipp: Sollten Sie kein cl-Maß aus Ihrer Cocktailbar besitzen, lassen sich auch Schnapsgläser verwenden. Die haben nämlich meist eine cl-Markierung, die denselben Dienst tut.

*Alternativer Hauptgang*

# Arroz mediterráneo

## Reis mit Fisch und Hummer

*Vorbereitung: 20 Min. / Zubereitung: 30 Min.*

### Die Zutaten

50 g Risottoreis, 1 Schalotte, in feine Würfel geschnitten, 1 Knoblauchzehe, in feine Würfel geschnitten, 200 ml trockener Weißwein, 20 g Butter, 2 EL Olivenöl, Meersalz, Pfeffer aus der Mühle, 1 Fenchelzweig oder 1 Stück Fenchelknolle, 200 ml Fischfond, ersatzweise Wasser, 1 kleiner Hummer, gegart und aus der Schale gelöst (oder alternativ ca. 100 g Hummerfleisch, gegart), 300 g Fischfilet, z. B. Rotbarbe, Seewolf, Zackenbarsch, Seeteufel, Merluzza oder Stör (möglichst viele Sorten gemischt), Fenchelkraut oder Dill zum Dekorieren

### Und los geht's

Dieses Gericht schmeckt wirklich sehr nach Süden. Wir haben die mallorquinische Version um etwas Wasser reduziert, denn auf der Insel isst man es fast als Suppe. Sie haben es aber selbst in der Hand – und auf der Zunge.

Den Risottoreis in einem Topf zusammen mit dem Olivenöl bei kleiner Flamme in 1– 2 Minuten einrühren. Erst dann die Schalotten- und Knoblauchwürfel zufügen, unter Rühren glasig dünsten und mit dem Wein ablöschen. Jetzt dürfen Sie den Fischfond nach und nach einrühren und den Reis leicht salzen. Den in Scheiben geschnittenen Fenchel zugeben und alles bei schwacher Hitze ca.

15–20 Minuten al dente garen. Der richtige Garpunkt des Risottos ist erreicht, wenn er in der Mitte einen winzigen ungegarten Kern behält.

Anschließend Hummer und Fischfilets in der Butter in ca. 1 Minute vorsichtig anbraten und die Pfanne dann sofort vom Feuer nehmen. Die Meeresfrüchte, mit Ausnahme der Hummerscheren, zum Reis geben, sehr vorsichtig unterheben und die Scheren obendrauf legen. Das Ganze ohne weitere Hitzezufuhr für ca. 5 Minuten zugedeckt gar ziehen lassen. Am Ende nochmals mit Salz und Pfeffer abschmecken.

### Anrichten

Den Arroz auf vorgewärmten Tellern verteilen und mit den Hummerscheren und dem Fenchelkraut bzw. dem Dill garnieren.

### Gabriellas secrets

Im Fischgeschäft erhalten Sie (manchmal auch nur auf Bestellung) einen frischen, gegarten Hummer. Ich persönlich stehe nicht darauf, das selbst zu übernehmen.

Eine Alternative sind gefrorene Hummer (oder Hummerfleisch), die mittlerweile schon in jedem größeren Supermarkt erhältlich sind.

Das Zerlegen ist allerdings nicht ganz einfach und es gibt selbstverständlich genaueste Vorschriften in allen möglichen Knigges.

Hier ist aber meine praxisnahe Anleitung:

Sie brechen die Scheren vom Körper. Dann lösen Sie das Fleisch aus den Scheren, indem Sie diese in ein Handtuch wickeln und mit dem Boden eines kleinen Topfes draufschlagen, so dass Sie die Schale knacken, um an das

Fleisch zu kommen. Der Kopf lässt sich nun ganz leicht abdrehen. Mit einer Geflügelschere schneiden Sie anschließend den Panzer der Länge nach auf und entnehmen das Fleisch.

(Es kommt immer viel weniger aus diesen Viechern raus, als man sich vorstellt, aber die Arbeit lohnt sich, das Fleisch ist wirklich köstlich.)

Jetzt müssen Sie nur noch am Rücken den Darm entfernen. Das Fleisch 2 mm tief längs einschneiden und den Darm vorsichtig herausziehen.

Die ausgelösten Scheren können Sie zum Schluss für die Dekoration verwenden.

### Good to know

Es gibt im Handel sehr viele verschiedene Risotto-Qualitäten aus allen möglichen Ursprungsländern und alle haben eine andere Garzeit! Darum ist es auch außerordentlich schwierig, eine bestimmte Garzeit im Rezept zu empfehlen. Es gibt Sorten, die nach 10 Minuten schon fertig sind, andere brauchen mindestens 30 Minuten. Sie sollten in jedem Fall immer auf die Packungsempfehlung achten. Man kann Pi mal Daumen davon ausgehen, dass ein normaler, gut gegarter Risotto zwischen 15–20 Minuten Hitzezufuhr braucht. Die Faustregel: Ein korrekt gegarter Risottoreis hat in der Mitte einen winzig kleinen ungegarten Kern.

Ein ganz besonderer Tipp ist übrigens Vollkornrisotto, der gigantisch gut schmeckt.

*Dessert*

# *Budín de chocolate con almendras y dulce de naranja*

*Warmer Schokoladenauflauf mit Mandeln und Orangensauce*

*Vorbereitung: 30 Min. + 1 Std. Ruhezeit / Zubereitung: 10 Min.*

## Die Zutaten

***Schokoladenauflauf:***
60 g Zartbitterschokolade (Kuvertüre), 10 g Butter, 30 g Mandeln, fein gehackt, 1 Ei, 1 Eigelb, 2 Eiweiß, 25 g Zucker

***Orangensauce:***
1/4 l frisch gepresster Orangensaft, 10 g Orangenrindenjulienne (das Orangefarbene der Orangenschale, in sehr feine Streifen geschnitten), 50 g Zucker, 2 EL Cointreau, 1 TL Speisestärke

***Dekoration:***
2 Minzzweige, Puderzucker zum Bestäuben, Kakaopulver

## Und los geht's

Sie beginnen bereits vormittags, und zwar mit dem Auflauf. Zuerst lassen Sie die Schokolade zusammen mit der Butter vorsichtig schmelzen (38 °C sind ideal, aber wer kann das schon genau einstellen? Es entspricht etwa der leicht erhöhten Körpertemperatur, die man vor einem solch tollen Abend hat ...). Danach schlagen Sie 1 Ei und 1 zusätzliches Eigelb mit dem Mixer cremig auf und vermengen alles ganz vorsichtig mit der Schokoladenbutter. Nun schlagen Sie die beiden Eiweiße mit dem Zucker cremig auf und heben diese ebenfalls sehr vorsichtig unter die Schokomasse. Diese Mischung sollte nun 1 Stunde im Kühlschrank stehen, damit sie vor dem Backen gut gekühlt ist.

Nach 1 Stunde füllen Sie die süße braune Leckerei am besten in Kinderbackförmchen. Die haben genau die richtige Größe, denn die Form darf nur bis zur Hälfte gefüllt sein, da der Teig im Backofen aufgeht. Nicht vergessen: die Förmchen gut ausbuttern.

Abdecken und erst nach der Hauptspeise in den zwischenzeitlich auf 170 °C vorgeheizten Backofen schieben und für ca. 5 Minuten ausbacken. Die Mitte sollte nur eben warm werden und nicht backen! Sie erhalten so ein wunderbares warmes Soufflé.

Die Orangensauce bereiten Sie am besten erst kurz vor dem Servieren der Nachspeise am Abend zu. Stellen Sie alle Zutaten – wie im TV-Kochstudio – abgemessen bereit, so brauchen Sie auch kaum noch ins Rezept zu schauen.

Den Zucker in einer Sauteuse hellbraun zu Karamel schmelzen und gleich danach etwas abkühlen lassen. Wenn Sie nun den Cointreau und die Orangenjulienne zugeben, kann es sein, dass das Karamel ein wenig klumpt, aber keine Panik!!! Das ist nicht schlimm, es löst sich beim Erwärmen später wieder auf.

Die Speisestärke in die Hälfte des Orangensaftes einrühren und erst dann zum Karamel geben. Unter stetigem Rühren lassen Sie die Sauce ca 1. Minute köcheln. Danach wird sie vom Feuer genommen und je nach Gusto der restliche Orangensaft untergerührt.

Heizen Sie zwischenzeitlich eine kleine Pfanne vor und rösten Sie die gehackten Mandeln *ohne Öl* hell an.

### Anrichten

Möglichst neutrale große Teller mit Hilfe eines feinen Haarsiebs mit Kakao einpudern. Den Schokopudding nun auf die Tellermitte stürzen. Mit den Mandeln bestreuen und die Sauce angießen. Zum Schluss können Sie Ihr Kunstwerk noch mit einem frischen Minzezweig ausdekorieren und mit einem Hauch Puderzucker überstäuben.

### Gabriellas secrets

Diese Nachspeise ist eigentlich für 4 Personen, aber leider ist es wirklich schwierig, das Rezept zu teilen, da es keine halben Eier gibt. Ich schlage deshalb vor, es wie oben beschrieben zu kochen und einen Teil für später aufzuheben. Wer weiß, ob ein süßer Snack nicht noch mitten in der Nacht seine Verwendung findet.

Danach können Sie nach Wunsch noch einen *Café Solo* (spanische Version von Espresso), einen *Hierbas* oder einen Cognac anbieten.

### Good to know

Schokolade ist beim Schmelzen ein Sensibelchen. Zwei Dinge sind ungeheuer wichtig: Die Temperatur muss stimmen, also auf keinen Fall kochen, sondern nur vorsichtig schmelzen. Zweitens darf kein Wasser in die geschmolzene Schokolade kommen. Also Löffel und Töpfe immer gut abtrocknen, denn sonst würde die Schokolade sofort stocken und man kann sie dann kaum noch weiter verarbeiten.

## Cocktails españoles

### *Copa del Rey*

***Zutaten für 2 Cocktails:*** 6 cl spanischer Brandy (z. B. Veterano), 4 cl Cointreau, 12 cl Orangensaft, 1 cl Grenadinesirup, Cava (spanischer Sekt), Eiswürfel

***Deko:***
2 Minzezweige, 2 Orangenscheiben

Diesen Drink hat Ernst Lechthaler für den spanischen König Juan Carlos höchstpersönlich kreiert. Er wird sicher auch Ihren Prinzen krönen.

Stellen Sie zwei Gläser mit Eiswürfeln bereit. Sie geben nun die Zutaten in einen Shaker, schütteln kräftig durch und seihen die Mischung in die vorbereiteten Gläser. (Bitte nur den Shaker schütteln, nicht sich selbst.) Anschließend noch mit einem schönen Schuss Cava auffüllen und mit der Minze und einer Orangenhälfte am Glasrand dekorieren.

Mit Trinkhalm servieren. Schmeckt wirklich königlich. España – mi amor!

***Quickie-Variante***
Für die »schnelle Nummer« vermischen Sie (für 2 Personen) 6 cl trockenen Sherry mit 3 cl Martini Vermouth Rosso und ebensoviel von dem Bianco. Gießen Sie den Drink in zwei Gläser, gefüllt mit Eis, rühren kurz um und spritzen mit einer Orangenzeste (Schale kurz ausdrücken) ab.

## Weinempfehlungen

Spanische Weine machen gute Laune. Besonders, weil das Verhältnis zwischen Preis und Geschmack (noch) besonders harmonisch und sympathisch ist.

Die Rotweine Torres Filoso (9,90 Mark) aus dem Land des Don Quijote und der Vega Ibor (8,50 Mark) aus Valdepenas sind gute Beispiele dafür.

Auch Anspruchsvolleren klappt nicht gleich das Portemonnaie zu, wenn Sie einen Cabernet Sauvignon Barranco Oscura (22,80 Mark) aus der Provinz Granada auswählen. Genauso wie beim Condado de Haza (25,90 Mark) aus dem Duerotal bekommt man für relativ wenig Geld »mucho vino«.

Einer der aufsehenerregendsten Newcomer-Weine Spaniens kommt aus Mallorca: der samtige und nach Himbeeren duftende Ànima negra (34,90 Mark) von Jaume Mesquida.

Mallorca-Insider Bernd Moser trinkt auf seiner Lieblingsinsel bevorzugt Binissalem (95er) von José L. Ferrer, der hier in Deutschland etwas schwierig aufzutreiben ist. Seine Alternative ist ein sonniger Rioja »Cune Reserva« (94er) vom Weingut Compania Vinicola del norte de España (23 Mark).

Das Menü kann wegen seiner Kräuter und Gewürze durchaus einen gerbstoffarmen Rotwein vertragen.

Dennoch empfehlen sich eher Weißweine mit Statur, wie z. B. der Aromaprotz Belondrade y Lurton (33 Mark), der feinwürzige Marques de Murrieta Reserva (14 Mark) oder vielleicht Conde de Valdemar Blanco Barrique von Martinez Bujanda (17 Mark).

Zum Abschluss ganz stilecht mallorquinisch: ein Hierbas de Mallorca (24,90 Mark), wahlweise süß oder herb, hergestellt aus den Kräutern des Berglandes der Insel.

Nach diesen mallorquinischen Genüssen wird wohl jeder, der solche Vorurteile noch hatte, seine Einstellung zur »geschmacklosen« Bierburg Mallorca ändern. Wetten, dass …?

TISCHDEKORATION

An was denken Sie beim Stichwort Spanien? Urlaub, Meer, Küste, Olivenbäume und Zitronenhaine? Na, dann haben Sie 100 Punkte, denn genauso sehen die beiden Ideen für die spanische Tischdeko aus!

VORSCHLAG 1

***Materialien:***

apfelgrüne Tischdecke aus Futter- oder Lackstoff, blauer Dekotüll, Vogelsand oder Korkspäne, Muscheln und Meeresgetier, Wassergrünzeug oder Mini-Kakteen, evtl. Tischaquarium, Teelichter

Einmal abtauchen bitte. Entführen Sie Ihren Liebsten in die tiefsten Tiefen des Meeres. Giftgrüner Stoff bildet den Untergrund, mit dem der darübergeworfene blaue Tüll eine sensationelle Farbschattierung eingeht. Den Schwerpunkt setzen Sie mit einer kleinen Insel aus Sand oder Korkspänen. Dort wurde allerlei Meeresgetier angeschwemmt: Muscheln in den unterschiedlichsten Formen und Farben, Seesternchen und echte oder Glas-Steinchen in Meeresfarben. Dazwischen viele kleine Teelichter verteilen. Wenn Sie mögen, pflanzen Sie noch Mini-Kakteen dazu. Die Muscheln, Sand und Wasserpflänzchen machen sich auch genial in einem kleinen Tischaquarium, das Sie vorsichtig mit Wasser auffüllen können. Ein paar Schwimmkerzen

an der Oberfläche und Muscheln als Serviettenringe lassen ihn nur noch Meerjungfrauen herbeisehnen.

VORSCHLAG 2

***Materialien:***

Tischdecke/Stoff in Apfelgrün, Gelb oder Weiß, Zitronen und Limetten, echte oder aus Holz, grüne Sträucher und Gräser, Olivenzweige, Efeu

Hier kommt die frisch-fruchtig-fröhliche Seite des traditionellen Spanien – und zugleich eine der einfachsten und gleichzeitig beeindruckendsten Tischdekos, die ich kenne.

Eine Tischdecke aus apfelgrünem Stoff harmoniert sensationell mit den gelben und grünen Zitrusfrüchten. Alternativ können Sie auch einen hellgelben oder notfalls auch einen weißen Untergrund benutzen. Darauf stapeln Sie in üppiger Fülle die Zitronen und Limetten und lassen die Früchte nach außen hin auslaufen. Sie können hierzu auch eine helle Schale benutzen, wenn Sie keine passende haben, und sie einfach mit dem grünen Tischstoff verhüllen. Zwischen die Zitronen stecken Sie immer mal wieder einige Zweiglein, Efeu und Gräser. Und das war's auch schon. Hab ich's nicht gesagt? Minimaler Aufwand – maximale Wirkung. Einige Tröpfchen Zitronenöl in die Duftlampe, und die Atmosphäre stimmt.

## Einkaufsliste

(Sollten Sie sich für das alternative Hauptgericht, den Reis mit Fisch und Hummer, entschieden haben, ersetzen Sie bitte auf Ihrem Einkaufszettel die hier kursiv gedruckten Zutaten für die Schweinelende durch die Zutaten aus dem Rezept auf S. 158.)

***Fleisch/Fisch:***

2 Steinbuttfilets à 100 g (ersatzweise Seezungenfilets), *1 Schweinelende, ca. 200 g*

***Gemüse/Obst:***

1 Aubergine, 1 Kartoffel, 1 grüne Paprika, 4 vollreife Tomaten, 2 Schalotten, 1 Knoblauchzehe, frisches Basilikum, frischer, geputzter Blattspinat, *1 kl. Fenchelknolle, 6–7 Salbeiblätter,* Orangen (für 1/4 l frisch gepressten Orangensaft)

***Feinkost/Supermarkt:***

1 Lorbeerblatt, Rotwein, *Landwein (weiß), Butter,* 1 Becher Sahne (süß), 200 ml Fischfond, Noilly Prat (trockener Wermut), einige Safranfäden, *10 g grüne Oliven, Hierbas (span. Kräuterlikör),* 60 g Zartbitterschokolade, 3 Eier, gehackte Mandeln

***Getränke:***

Weine (siehe »Weinempfehlungen«), Wasser, Cocktailzutaten (siehe Rezept)

***Dekoration:***

Materialien, Zutaten laut Vorschlägen oder nach Wunsch

***Was Sie wahrscheinlich im Haus haben:***

Zucker, Pfeffer aus der Mühle, Meersalz, Rotweinessig, gutes Olivenöl, Weißweinessig, Cointreau, Speisestärke

## Ihr Zeitplan

***Vormittag:***

*Einkaufen*

***Nachmittag:***

- Wein kühlen,
- alle Zutaten abmessen und bereitstellen,
- Tumbet vorbereiten und in Auflaufform schichten,
- Schokoladenmasse herstellen und kühlen,
- Tisch dekorieren,
- Cocktails vorbereiten,
- Stylen

***Abend:***

- Kerzen anzünden,
- Tumbet in den Ofen geben,
- Cocktail anbieten,
- Tumbet servieren,
- Schweinefilet anbraten und tiefgaren,
- Basilikumpüree zubereiten,
- Safransauce kochen,
- Fisch braten,
- Zwischengericht servieren,
- Fenchelbeilage zubereiten,
- Schweinelende aus dem Ofen nehmen,
- Hauptgang servieren,
- Schokoladenauflauf in den Ofen geben,
- Orangensauce zubereiten,
- Dessertteller dekorieren,
- Nachspeise servieren

# Just for fun – and sun

## Kalifornisches Menü

VORSPEISE
**Caesar's Salad**
*Romanasalat mit Croutons*

ZWISCHENGERICHT
**California Rolls**
*Seetangröllchen mit Reis, Krabbenfleisch und Avocado*

HAUPTGANG
**Beef and Prawns with two Sauces**
*Rinderfilet und Scampi an zweierlei Saucen*

*oder:* **Southwestern Stew with Chicken**
*Tex-Mex-Tortilla mit Huhn*

DESSERT
**Frozen Joghurt with figs**
*Joghurtparfait mit Feigen*

## *Zur Einstimmung*

Morgens Sushi, zum Lunch Pizza N.Y.-Style, am Abend Barbecue Chicken und um Mitternacht Spicy Shrimps. Dazwischen muchos Nachos, Double-Burger, Apple-Pie und Club-Sandwich. Im Land der unbegrenzten Möglichkeiten ist Nahrungsaufnahme immer auch Geographie-Unterricht. Wenn es den viel zitierten »Schmelztiegel der Nation« überhaupt noch gibt, dann vermutlich in Form eines kalifornischen Kochtopfes. Denn die Esskultur in Amerika ist alles – nur nicht original.

Die mannigfaltigen kulturellen Einflüsse spiegeln sich ganz besonders in der Heimat der Beach Boys, irgendwo zwischen Fast Food, Burrito und tiefgefrorenem Cobb Salad. So wie auf der *Crazy Mile* von L. A. alles erlaubt ist, was gefällt, fällt auf die Teller alles, was erlaubt ist. Purismus ist nicht angesagt im Surferstaat; hier ist die Pasta immer ein wenig sahniger als im Ursprungs-Italien, das Gemüse zu knackig und der fangfrische Fisch dilettantisch vorfilettiert. Indes, es schmeckt und es bringt Spaß. Unfreundliche Bedienungen sind ebenso verpönt wie Raucher am Tisch oder geizige Touristen, die mit Trinkgeld knausern. Das Mickey-Mouse-Land lebt von guter Laune, guten Dollars und gutem Essen.

Dass die Rezepte eigentlich durchweg aus dem »Ausland« stammen, ist lediglich ein Formfehler. Ausnahme: der kalifornische Wein. Aus deutschem Know-how, deutschen Reben und unter amerikanischer Dauersonne hat sich mittlerweile ein heimischer Tropfen entwickelt, der internationale Vergleiche wahrlich nicht zu scheuen braucht und garantiert »hangover«-frei ist.

Auf die sprichwörtlichen Aspirin jedenfalls kann man bei diesem Menü getrost verzichten. Dafür gibt's Zuckersand und Strandgefühle inklusive – und wenn Sie ganz cool drauf sind, können Sie das Essen sogar auf Rollerblades servieren. It's all up to you!

*Vorspeise*

# *Caesar's Salad*

## *Romanasalat mit Croutons*

*Vorbereitung: 30 Min. / Zubereitung: 10 Min.*

### Die Zutaten

***Salat:***

30 g Räucherspeck, ohne Knorpel und Schwarte, in kleine Würfel geschnitten, 1 Scheibe Toastbrot, entrindet, in kleine Würfel geschnitten, 1 Knoblauchzehe, geschält, in kleine Würfel geschnitten, 1 EL Butter, 1 kleiner Romanasalat (etwa 200 g), geputzt und gewaschen, 3 Sardellenfilets, Pflanzenöl

***Dressing:***

1 frisches Ei, 3 EL Olivenöl, kaltgepresst, 2 EL Zitronensaft, Meersalz, Pfeffer aus der Mühle, 20 g Parmesan am Stück

### Und los geht's

Alle Zutaten wie oben beschrieben vorbereiten und bereitstellen.

Zuerst den gewaschenen Romanasalat in 2 cm breite Streifen schneiden und in einem Sieb abtropfen, trocknen und zur Seite stellen.

Dass man mit Speck Mäuse fängt, wussten nicht nur unsere Mütter. Aber knusprig sollte er in der heutigen Zeit schon sein und nicht vor Fett triefen. Auch wenn manche Männer das mögen – ich steh nicht wirklich drauf. Hier ist eine figurfreundliche Möglichkeit, mit himmlisch knackigen Baconwürfelchen zu begeistern:

Eine große Pfanne vorheizen und die Speckwürfel darin kross ausbraten. Wichtig ist nun, dass Sie ausgebratenes Fett immer wieder abschöpfen und weiterhin bei relativ hoher Temperatur fleißig rühren. Bloß nix anbrennen lassen, meine Damen! Die knusprigen Würfelchen dann mit einer Schaumkelle aus der Pfanne heben und das restliche Fett von einem Küchenkrepp aufsaugen lassen. So werden sie nicht knatschig. Danach bis zur weiteren Verwendung, kurz vor dem Servieren, ohne Deckel (!!!) beiseite stellen.

Die Pfanne nicht ausspülen und die gewürfelten Brotwürfel in dem ausgebratenen Fett zusammen mit dem Pflanzenöl und der Butter vorsichtig bei mittlerer Temperatur rösten. Erst zum Schluss, wenn die Croutons schon bräunlich sind, den gewürfelten Knoblauch dazugeben. So können Sie sicher sein, dass der Knoblauch nicht verbrennt und kohlrabenschwarz wird. Die Croutons ebenfalls auf Küchenkrepp ausbreiten und abkühlen lassen.

Die Sardellenfilets kalt abbrausen, abtrocknen und in feine Stücke schneiden.

### Dressing

Dieses Dressing unbedingt erst kurz vor dem Servieren anmachen, denn es behält seine schöne cremige Konsistenz nicht allzu lange. Bringen Sie in einem kleinen Topf etwas Wasser zum Kochen und geben Sie ein angestochenes Ei für ca. 1 Minute hinein. Wenn Sie dieses Ei nach 1 Minute in eine kleine Rührschüssel aufschlagen, werden Sie feststellen, dass das Eiweiß am äußersten Rand ganz leicht fest geworden ist. Genau dieser Effekt gibt diesem Dressing seine sahnige Konsistenz. Mit einem Teelöffel das Innere auslöffeln und mit einem Schneebesen verrühren. (Vorsicht, nicht die Finger verbrennen, das Ei ist superheiß!)

Nach und nach unter kräftigem Schlagen (siehe unten) das Olivenöl in dünnem Strahl und den Zitronensaft dazugießen. Nun die Sardellenstreifen vorsichtig unterheben, vermischen und das Ganze mit Meersalz und reichlich Pfeffer aus der Mühle abschmecken. Den trockenen Salat in eine große Salatschüssel füllen und in dem Dressing wenden.

### Anrichten

Den Salat erst kurz vor dem Servieren mischen und ca. 3 Minuten ziehen lassen. Anschließend auf ausreichend große Vorspeisenteller verteilen, die Speckwürfelchen und die Croutons darübergeben und zum Schluss mit dem geraspelten Parmesankäse bestreuen.

### Gabriellas secrets

Wenn Sie Ihrem Liebsten eine vollkommen verrauchte Küche ersparen wollen, dann sollten Sie die Speckwürfel und die Croutons unbedingt vorher zubereiten, denn diese Aktion macht ordentlich »Dampf«. Wenn Sie beide Würfelchen ausgebreitet auf Küchenkrepp abkühlen lassen, bleiben sie schön knusprig. Erst nach dem Abkühlen können Sie diese bis zum Dekorieren in schöne Schälchen verfrachten.

Die Salatsauce können Sie dann live zubereiten, es sieht auch ganz interessant aus, wenn Sie das Ei zugeben. So glaubt er Ihnen auch von Anfang an, dass Sie dieses zauberhafte Menü tatsächlich selbst zubereitet haben.

Außerdem kann Ihr Date auch langsam das Öl ins Schälchen träufeln, während Sie rühren.

GOOD TO KNOW

Feingeriebener Parmesan passt am besten zu Nudelgerichten. In diesem Fall schmeckt es viel besser, wenn Sie den Käse in feine Späne hobeln. Dies geht superschnell und einfach mit dem Kartoffel-Sparschäler, denn damit werden die Späne hauchdünn.

*Zwischengericht*

# *California Rolls*

## *Seetangröllchen mit Reis, Krabbenfleisch und Avocado*

*Vorbereitung: 30 Min. / Zubereitung: 15 Min.*

### Die Zutaten

100 g Klebreis (japanischer Sushireis), 200 ml Wasser, 1 EL Reisessig, 1 TL feiner Zucker, 1/2 TL Meersalz, 60 g frisches Krebsfleisch, alternativ aus der Dose oder Kani no Kamaboko (gepresste Crabsticks), 1 EL weißer Sesam, ohne Öl in einer kl. Pfanne geröstet, 1/4 Gartengurke, geschält, 1/2 Avocado, geschält, 1 TL Zitronensaft zum Beträufeln der Avocado, 2 Noriblätter (getrockneter Seetang), Wasabi (grüner Meerrettich, sehr scharf!!!), 2 EL eingelegter Ingwer, 1 TL Mayonnaise, japanische Sojasauce, Sushi-Matte zum Aufrollen oder Pergamentpapier, Fächer oder etwas Ähnliches zum Wedeln

### Und los geht's

Nicht jeder mag gerne Sushi, darum wird es manchem willkommen sein, dass diese California Rolls eine ungewöhnliche, äußerst schmackhafte und sehr bekömmliche Alternative zu rohem Fisch sind.

Das Wichtigste an diesem Gericht ist der Reis und seine gelungene Zubereitung. Zu gar verliert er seinen Biss und ist nur noch eine pampige Masse, zu fest hat er was von Kieselsteinchen. Darum sollten Sie, während Sie den Reis bearbeiten, auf Ablenkung jedweder Art verzichten, denn husch husch ist er auch schon hin.

Sollten Sie stolze Besitzerin eines Reiskochers sein: bingo! Diese Sorge sind Sie los.

Wenn nicht, dann hier das ultimative Sushireis-Rezept, bei dem eigentlich nichts mehr schiefgehen kann:

Den Klebreis in einem Sieb unter fließend kaltem Wasser so lange waschen, bis das »Waschwasser« klar bleibt. Den Reis mit den 200 ml Wasser in einem ausreichend großen Topf zum Kochen bringen. Nun die Hitze reduzieren und 4–5 Minuten köcheln lassen, bis das Wasser aufgesogen ist. Dann vom Herd nehmen und nochmals 5 Minuten zugedeckt nachquellen lassen. Den Reis in eine Glas-, Keramik- oder spezielle Sushireis-Holzschüssel füllen. Auf jeden Fall aus dem Metalltopf nehmen. Ich empfehle zur Not eine große, schwere Auflaufform. Reisessig, Zucker und Salz (oder eine fertige Essigmischung, siehe unten) dazugeben.

Jetzt sind Sie gefragt:

Mit der einen Hand dürfen Sie ab sofort mit einem Holzlöffel den Reis permanent rühren und von rechts nach links schieben und mit der anderen immer fleißig trockenfächern. Dieses wunderschöne Ritual wiederholen Sie so lange, bis der Reis glänzt und abgekühlt ist. Denn sonst würde er weitergaren und das wollen wir ja vermeiden.

Anschließend das Krebsfleisch mit ein wenig Mayonnaise verrühren oder die Crabsticks in feine Streifen schneiden. Die geschälte Gurke entkernen und in ca. 5 cm lange, sehr feine Stifte schneiden. Genauso mit der Avocado verfahren: In feine Streifen schneiden und sofort mit dem Zitronensaft beträufeln, sonst verfärbt sie sich blitzschnell und wird unansehnlich braun.

So – und nun wird gerollt:

Ein Noriblatt quer auf der Sushimatte auslegen. Den

Reis ca. 1/2–1 cm dick auf die Mitte streichen und an den äußersten Rändern jeweils ca. 1–2 cm Platz lassen. Von der Wasabipaste ein wenig (!!!) mit der Fingerspitze einmal quer aufstreichen und mit Sesam bestreuen. Danach das Krebsfleisch, die Gurkenstifte und die Avocadostreifen längs auf der Reismitte verteilen.

Mit Hilfe der Sushimatte das Noriblatt von unten fest aufrollen, so dass sich der Reis um die Zutaten in der Mitte legt. Die obere Längsseite gut andrücken. Je fester Sie wickeln, desto besser lässt sich die Rolle später schneiden und desto einfacher ist sie dann zu essen. Das andere Noriblatt und die restlichen Zutaten in gleicher Weise verarbeiten.

### Anrichten

Zum Schneiden der Rolls benötigen Sie ein scharfes großes Messer ohne Zacken. Tauchen Sie dieses vor jedem Schnitt in Essigwasser, welches Sie an der Schneide entlangrinnen lassen, dann klebt nichts fest. Teilen Sie jede Rolle in 6–8 Scheiben, je nachdem, wie viel Sie gerne auf einmal in den Mund stopfen wollen. Das Abbeißen sollten Sie nämlich vermeiden, sonst fällt die ganze Pracht auseinander.

Anschließend auf einem Teller oder stilgerecht auf Holzbänkchen dicht an dicht drapieren und den eingelegten Ingwer als kleines Häufchen danebensetzen. Auch ein Klecks Wasabi kann nicht schaden, so kann man im Notfall nochmal »nachfeuern«.

Je nach Geschmack etwas Wasabi mit der Sojasauce in einem kleinen Schälchen verrühren und die California Roll eindippen. Stäbchen sind ein Muss, und ehe Sie ihm Messer und Gabel gestatten, sollte er lieber mir den Fingern essen.

### Gabriellas secrets

Ich empfehle Ihnen, die California Rolls vorab zuzubereiten und dann nur noch aufzuschneiden und zu dekorieren. Der Reis braucht doch relativ viel Aufmerksamkeit, um genau auf den Punkt zu garen. Ich denke, diese Zeit können Sie mit ihm gemeinsam besser nutzen ... Allerdings sollten die Rolls nicht länger als 4 Stunden im Kühlschrank »zwischengelagert« werden.

Wenn Sie die California Rolls erst am Abend zubereiten möchten, hat Ihr Süßer hiermit schon einen Job!!! Er darf sogar selbst wählen, ob er lieber fächern oder rühren will.

Die Noriblätter entwickeln einen intensiven Geschmack, wenn man sie kurz über einer offenen Flamme anröstet.

In Ermangelung eines Gasherdes oder eines Feuerchens können Sie die Blätter auch einen Moment über den eingeschalteten Toaster bzw. eine Herdplatte halten, das bringt auch schon was.

Übrigens können Vegetarier das Krebsfleisch auch durch leicht angeräucherten Tofu ersetzen. Schmeckt wirklich lecker.

### Good to know

In einem Superkato, den japanischen Supermärkten, die es mittlerweile in vielen Städten gibt, können Sie all diese Zutaten kaufen. Der Seetang (Noriblätter) kommt 10erweise abgepackt, der Reis ist garantiert der Richtige, der Ingwer (Gari) praktischerweise schon fertig eingelegt, Meerrettich (Wasabipaste) gibt's mittlerweile in Tuben, die Sojasauce ist nicht zu salzig und Sushimatten zum Rollen gibt's für den sprichwörtlichen Apfel und ein Ei.

Fragen Sie auch nach frischem Krebsfleisch (die gepressten Sticks in Dosen sind in der Tat leider auch nur schlechter Ersatz).

Auch gibt es dort fix und fertigen Sushi-Essig, der schon gezuckert ist.

*Hauptgang*

# Beef and Prawns with two Sauces

## Rinderfilet und Scampi an zweierlei Saucen

*Vorbereitung: 15 Min. / Zubereitung: 20 Min.*

### Die Zutaten

2 Filetsteaks à 150 g, 2 Gambas/Scampi, roh, ohne Kopf, mit Schale (à 60 g), 1 Tasse Rinderfond, 2 cl Cognac, 1 TL Hummerbutter oder Krebsbutter, 1/8 l Sahne, 4 cl Portwein, weiß, Meersalz, Pfeffer aus der Mühle, 3–4 EL Pflanzenöl, 1 Schalotte, in feine Würfel geschnitten, 2 EL Butter, einige Blättchen frisches Koriandergrün zur Deko, 2 Bund Pak Choi (asiat. Kohl) als Beilage

### Und los geht's

Die Kombination von »Surf'n Turf« (Fisch + Fleisch) ergänzt sich wirklich hervorragend.

Zu Beginn alle Zutaten wie oben beschrieben vorbereiten und den Backofen auf 200 °C vorheizen.

Nun die Filets rundherum salzen und pfeffern. Jetzt heizen Sie eine schwere Eisen- oder Edelstahlpfanne mittelstark vor und gießen 2 EL Öl hinein. Die Steaks in ca. 2 Minuten von allen Seiten gut anbraten und mit der gesamten Pfanne für 5 Minuten in den vorgeheizten Backofen geben. Anschließend das Fleisch mit der Pfanne aus dem Ofen nehmen.

Da der Backofen sich nun auf 75 °C abkühlen soll, zuerst runterschalten und dann kurz die Tür sperrangelweit aufstehen lassen, damit die Hitze entweichen kann. Normale Öfen brauchen bei geschlossener Ofentür sehr lange, bis sie von 200 °C auf 75 °C runtergekühlt sind und das würde dem zarten Fleisch nicht gut tun!

In der Zwischenzeit die Steaks aus der Pfanne auf eine Platte legen (die Pfanne bitte nicht ausspülen!!!) und für weitere 20 Minuten bei besagten 75 °C sanft fertig garen. Längere Zeit bei dieser Temperatur schadet nicht.

Die Pfanne mit dem Bratensaft auf den Herd stellen, die Schalottenwürfel zufügen und bei sanfter Hitze unter Rühren ca. 1 Minute glasig dünsten. Nun den Rinderfond, den Cognac, die Hälfte der Sahne und 1 EL Butter in die Pfanne geben und mit dem Schneebesen verrühren. Die Sauce bei niedriger Temperatur schön cremig einkochen, abschmecken und zur Seite stellen. Bitte immer warm halten.

Eine weitere Pfanne oder breiten Topf vorheizen, ein wenig Pflanzenöl angießen und den in ca. 2 cm breite Streifen geschnittenen Pak Choi kurz anbraten und abschmecken. Das geht sehr schnell, denn das Gemüse sollte schön knackig bleiben.

Jetzt zu den Gambas: Die Gambas schälen, vom Rücken her einschneiden und den Darm entfernen. Anschließend mit kaltem Wasser abspülen und trockentupfen. Eine kleine Pfanne leicht vorheizen und 1 EL Butter und 1 EL Pflanzenöl hineingeben. Die Gambas darin nicht länger als eineinhalb Minuten vorsichtig anbraten, aus der Pfanne nehmen und warm halten. Den Portwein angießen und die restliche Sahne und die Hummer- bzw. Krebsbutter mit dem Schneebesen einrühren. Die Sauce abschmecken und unverzüglich servieren.

### Anrichten

Die Cognacsauce zurück auf den Herd stellen, mit einem Schneebesen aufrühren und dann in die Mitte von zwei großen vorgewärmten Tellern gießen. Nun werden die Filetsteaks auf diesen Saucenspiegel gesetzt. On top werden die Gambas platziert und ebenfalls mit der heiß gerührten Portweinsauce übergossen. Den Pak Choi an der Seite drapieren und den prächtigen Hauptgang mit Koriandergrün dekorieren. Enjoy your meal!

### Gabriellas secrets

Ich würde das Fleisch nur mit Pak Choi, dem knackigen Kohl-Gemüse empfehlen, weil es mir sonst zu viel Durcheinander auf dem Teller ist. Den bekommen Sie frisch in Asia-Läden. Wenn Sie aber nicht von dieser Art der Trennkost zu überzeugen sind, dann bieten sie einen Duftreis oder Basmatireis dazu an.

Hummer- oder Krebsbutter bekommen Sie am ehesten in Fischfachgeschäften oder manchmal auch in guten Feinkostläden.

### Good to know

Die Fachbezeichnung für diese hier zu verwendende Gamba-Art ist *13/15er* (sprich »dreizehn-fünfzehner«). Damit ist die Menge der Gambas pro Kilo gemeint – in diesem Fall kommen also 13 bis 15 Stück auf ein Kilo.

Übrigens: Wenn Sie es vorziehen, einen Gang unmittelbar nach dem anderen aufzutischen, dann beginnen Sie mit der Zubereitung der Steaks vor dem Salat. So können Sie sicher sein, dass der Hauptgang nicht zu viel Zeit in Anspruch nimmt. Die 20-Minuten-Garzeit im Ofen können Sie bei 75 °C unbedenklich überschreiten. Wichtig nur: Achten Sie darauf, dass Ihr Ofen wirklich diese Temperatur hat und vor allem hält.

*Alternativer Hauptgang*

# *Southwestern Stew with Chicken*

## *Tex-Mex-Tortilla mit Huhn*

*Vorbereitung: 20 Min. / Zubereitung: 20 Min.*

### DIE ZUTATEN

5 EL Olivenöl, 100 g Hähnchenbrust, ohne Fett und Sehnen, in kleine Würfel geschnitten (ca. 1 cm), 1 Schalotte, in feine Würfel geschnitten, 1 Knoblauchzehe, in feine Würfel geschnitten, 1/4 Zucchini, in kleine Würfel geschnitten (ca. 1 cm), 1/2 rote Paprika, in feine Streifen geschnitten, 1/2 TL Chilipulver, 1 kl. Dose Maiskörner (ca. 100 g) oder (besser) frischer Mais, 200 g Kidneybohnen in Dosen, unter klarem Wasser abgespült und abgetropft, 150 ml Tomatenpüree (passierte Dosentomaten), 1 TL Meersalz, 1/2 TL Tabasco, Pfeffer aus der Mühle

### UND LOS GEHT'S

Alle Zutaten wie oben beschrieben vorbereiten, abmessen und in schönen Schälchen mit Klarsichtfolie abgedeckt auf der Anrichte platzieren. Sieht wieder mal aus wie bei einem Fernsehkoch.

Außerdem macht es ihm beim Zuschauen schon richtig Appetit, denn die knalligen Farben der Zutaten sehen unglaublich lecker aus.

Den Backofen leicht vorheizen (75 °C).

Eine große, schwere Eisenpfanne mittelstark erhitzen und das Olivenöl darin heiß werden lassen. Vorsicht – es darf nicht rauchen!!! Nun die gewürfelte Hähnchenbrust rundum ca. 2 Minuten kross anbraten und im Backofen warm stellen.

Nun sollten Sie die Hitze der Kochplatte etwas reduzieren und in der unausgespülten Pfanne die Schalotten- und Knoblauchwürfel goldbraun rösten. Das Tomatenpüree einrühren, danach Zucchini und Paprika dazugeben und bei mittlerer Hitze das Ganze ca. 2 Minuten andünsten. Anschließend erst mal vorsichtig, später dann gerne mutiger mit dem Chilipulver würzen.

Nun die Maiskörner hinzufügen und das Stew etwa 10 Minuten köcheln lassen.

Zum Schluss die angebratenen Hähnchenbrustwürfel unterrühren, mit frisch gemahlenem Pfeffer und Tabasco würzen und ihn zum Abschmecken bitten.

### Anrichten

Sie haben die Wahl, dieses Stew in weichen Tortillas zu servieren oder in knusprige Taco Shells zu füllen. Beide sind mittlerweile schon in jedem einigermaßen gut sortierten Supermarkt in der Feinschmeckerecke zu erstehen.

Die Füllung in die Mitte der Tortilla-Fladen geben und diese dann zu einer ca. 6 cm dicken Wurst zusammenrollen. Taco Shells hingegen sind schon vorgeformt, man braucht sie nur zu füllen. Egal, wofür Sie sich entscheiden – drapieren Sie jeweils 2 davon auf einem Teller. Wichtig: ganz schnell servieren, sonst werden sie labberig.

Von der restlichen halben Zucchini einige feine Scheiben und von der übrigen Hälfte der Paprika ein paar schmale Streifen abschneiden. Das Ganze auf dem Tellerrand zur Blume dekorieren. In die Mitte einige Maiskörner geben. That's it.

## Gabriellas secrets

Dieses Gericht ist etwas ganz Besonderes für Liebhaber der Tex-Mex-Küche. Vielleicht sollte ich Sie aber dennoch daran erinnern, dass »jedes Böhnchen ein Tönchen gibt«.

Die Schärfe haben Sie selbst in der Hand, am besten fragen Sie ihn vor dem Abschmecken, wie heiß er's gerne mag, und lassen ihn dann auch noch kosten. Männer lieben es sehr, wenn sie um ihre Meinung gefragt werden, außerdem kann er dann hinterher nicht meckern, wenn er Feuer spucken muss.

## Good to know

Aus diesem Rezept können Sie ohne weiteres ein Vegetarian Meal machen. Sie brauchen nur das Geflügel wegzulassen. Es schmeckt trotzdem sehr würzig und ist sehr gesund.

Dessert

# Frozen Joghurt with figs

## Joghurtparfait mit Feigen

*Zubereitung: 15 Min. / Gefrieren: 15 Min. + Gefrierzeit*

### Die Zutaten

6 große frische Feigen, 300 g Vollmilchjoghurt, 2 EL Honig, 1 frisches Eiweiß, 1 EL Zucker, 2 TL Portwein, frische Minze zum Dekorieren

### Und los geht's

Diese Nachspeise beweist: Eis macht heiß! Sie schmeckt richtig nach California, süß und trotzdem ein wenig herb. Obendrein ist sie frisch und hat wenig Kalorien, weil keine Sahne verwendet wird.

Zuerst die Feigen vorsichtig waschen und trockentupfen. Vier Feigen schälen bzw. auslöffeln und das Fruchtfleisch mit dem Mixstab oder in der Küchenmaschine pürieren. Die beiden anderen Feigen zur Dekoration aufbewahren.

Joghurt und Honig unter das Feigenmus rühren und die Mischung anschließend für 30 Minuten im Tiefkühler zugedeckt gefrieren lassen. In der Zwischenzeit können Sie das Eiweiß steif schlagen und zum Schluss nach und nach unter kräftigem Rühren den Zucker ins Eiweiß einrieseln lassen. Das Feigeneis mit einem Stabmixer gründlich durchrühren und danach den Eischnee peu à peu mit einem Schneebesen vorsichtig unterheben. Das Feigeneis für mindestens zwei Stunden im Tiefkühler gefrieren lassen. Zwischenzeitlich mit dem Stabmixer zweimal kräftig durchrühren, damit sich keine Eiskristalle bilden. (Eismaschinen sind einfach ein klein wenig stressloser …)

### Anrichten

Nun brauchen Sie die zurückgelegten Feigen, die Sie jetzt in Spalten schneiden. Anschließend stäuben Sie einen möglichst großen Teller (in Kalifornien ist immer alles riesig …) mit Puderzucker ein. Dafür gibt es spezielle Becher, ein Siebchen tut's aber auch. Die Feigenschnitze werden seitlich platziert und vorsichtig mit dem Portwein beträufelt. Mit Hilfe eines Eisportionierers oder mit einem in heißes Wasser getauchten Esslöffel vom Feigeneis 2–3 Kugeln oder Nocken abstechen, in der Mitte anrichten und mit frischer Minze garnieren.

### Gabriellas secrets

Ich bereite die Mischung schon am späten Nachmittag komplett vor.

Übrigens tut mein elektrischer Milchshaker rein püriertechnisch denselben Dienst wie ein Mixstab oder eine Küchenmaschine. Ich gebe alle Zutaten auf einmal hinein und starte. Da ich mir als Süßmaul gerade eine kleine Eismaschine angeschafft habe, rühre ich vor der Hauptspeise nur noch den Eischnee mit dem Handmixer steif, lasse den Zucker einrieseln, hebe alles unter die Joghurtmasse und gebe das Ganze in die Maschine. Nach ca. 20 Minuten ist der Joghurt gefroren und kann bis zur weiteren Verwendung im Gefrierfach abwarten.

### Good to know

Sollten Sie aus saisontechnischen Gründen keine frischen Feigen bekommen, können Sie auch auf andere süße Früchte ausweichen, wie z. B. Beerenfrüchte, Mangos usw.

Vermeiden sollten Sie allerdings Papaya, Ananas und Kiwi, da diese Früchte ein Eiweiß spaltendes Enzym enthalten, das Milchprodukte zur Gerinnung bringt.

### Cocktails – Californian Style

## *Scarlet O'Hara*

***Zutaten für 2 Cocktails:*** 2 cl Zitronensaft, frisch gepresst, 4 cl Preiselbeersirup (Monin), 6 cl Southern Comfort, 6 cl Wodka Smirnoff, Eiswürfel, 2 vorgekühlte Gläser

Sie füllen einen Cocktailshaker mit Eiswürfeln und geben alle Ingredienzen dazu. Nun bitte ordentlich shaken – Sie wissen schon: wie Tom Cruise in »Cocktail« oder zumindest so ähnlich. Nach Ihrer filmreifen Shakerszene nur noch in die vorgekühlten Gläser abseihen. Kleiner Tipp zum Vorkühlen: Stellen Sie die Gläser vor dem Einfüllen kurz ins Tiefkühlfach oder schwenken Sie Eiswürfel darin, dann haben Sie die optimale Temperatur für Ihren Drink. Cheers – a toast to Hollywood!

***Quickie-Variante***

Eine schöne Alternative ist *Horse's Neck*: Sie verteilen für 2 Drinks 10 cl Bourbon auf zwei Gläser mit Eis, geben einen Spritzer (dash) Angostura dazu und füllen das Ganze mit Ginger Ale auf. Kurz verrühren und jeweils eine Zitronenspirale ins Glas geben.

### Weinempfehlungen

»Sunshine in bottles«, so nennen die Kalifornier gerne ihre Weine. Und sie passen zur Lebensphilosophie dieses Landes: Menschen und Weine haben in der Tat ein sonniges Gemüt. Leider sind die Weine in Europa verhältnismäßig teuer.

Wer's stilecht liebt, sollte zur Feier des Abends einen zum Menü passenden, sehr extraktreichen aromatischen Weißwein kredenzen.

Fast überall zu haben, gefällig und doch gut gemacht ist der Chardonnay von Kendall-Jackson (ab 25 Mark). Einen der elegantesten und frischesten Chardonnays erzeugen Cuvaison aus dem Napa Valley und Dry Creek von Sonoma County (ab 40 Mark).

Weder fett noch zu alkoholisch oder mit Eichenholz überlastet, wie sehr viele kalifornische Chardonnays, ist der von Saintsbury Winery (32 Mark).

Exotische Aromen und eine Fruchtfülle aus Mango, Papaya und Ananas bieten die Chardonnays Santa Barbara County »Bien Nacido« (34 Mark) und Arroyo Grande (ab 38 Mark) vom Weingut Au Bon Climat.

Kleiner Geheimtipp: Randall Grahm vom Bonny Doon Vineyard, der sympathische Winzer-Hippie aus der Weinregion San Francisco Bay, produziert ungewöhnliche Weine in mitunter extravaganten Flaschen. Sein Sauvignon Blanc ist sehr gut, aber auch seine nach französischer Art erzeugten Rotweine sind beachtlich (ab 22 Mark).

Was Rotwein anbetrifft, ist die typischste und populärste Rebe der Zinfandel, von der vorwiegend Rosés der eher geschmacksarmen Art hergestellt werden.

Lecker fallen allerdings die Zinfandel von Kenwood (Einzellage »Jack London«) und Pedroncelli (zwischen 19 und 36 Mark) aus, die nach Brombeeren und pfeffrigen Gewürzen schmecken. Ganz urig sind die erstaunlich preiswerten Zinfandel von Castoro Cellars (22 Mark) und Tria Vineyard (22 Mark).

Wenn Sie einmal erleben möchten, zu welchen Spitzenleistungen ein »Kalifornier« fähig ist, dann probieren Sie doch einmal den Morisoli-Zinfandel der Elyse Wine Cellars (44 Mark).

Ein idealer Essensbegleiter, sowohl für das ganze Menü als auch für einen schönen Abschluss, ist der Napa Valley Sekt von Schramsberg (ab 43 Mark). Er wird nach der klassischen Champagner-Methode hergestellt und ist, neben Pamela Anderson, das Beste, was Kalifornien zu bieten hat. Think big, my dear!

## Tischdekoration

### Vorschlag 1

»Surfin' in USA« – so oder ähnlich könnte das Motto der ersten Dekoration lauten, denn Sie dürfen eine Strandszenerie in Miniformat auf Ihrem Tisch inszenieren. Der zweite Vorschlag ist super schrill: »Think Pink«. Alles, was kitschig, quietschig und pinkig ist, passt genau hierher.

***Materialien:***
weiße oder blaue Tischdecke, Klarsichtfolie, Vogelsand, 2 Minipalmen, Glassteinchen in Grün/Blau, Strandfiguren aus Wachs/Keramik etc., Eisschirmchen, Teelichter

Diese Tischdeko löst bei all meinen Gästen immer großes Entzücken aus. In der Mitte einer weißen oder blauen Tischdecke rollen Sie Klarsichtfolie aus. Der Rand sollte einen Tellerbreit frei bleiben, sonst bleibt man mit den Händen kleben. Mit einem Teppichmesser oder einer Schere schneiden Sie die Folie in Wellenbewegungen zu

einem See zu, wobei Sie die Form des Sees dem Tisch anpassen sollten. (Diese Maßnahme erleichtert Ihnen am nächsten Tag den Abtransport der unbrauchbaren Überreste des Abends ungemein – hoffentlich gehört Ihr Gast nicht dazu …)

Nun verteilen Sie auf dieser Folie Vogelsand, der in Tierhandlungen und Gartenbaumärkten günstig erhältlich ist. In der Mitte schütten Sie einen kleinen Hügel auf – dort hinein pflanzen Sie die beiden Minipalmen. Bedecken Sie die Erde mit Sand und drapieren die kleinen Strandmenschen mit den Eisschirmchen drumherum. In einigen Parfümerien gibt es lustige Figuren als Kerzen zu kaufen. Ich habe sogar einmal im Spielzeugladen einen Minipool für Modell-Eisenbahnanlagen entdeckt und aus einem alten Handtuch habe ich kleine Strandlaken gebastelt. Die Teelichter sorgen für angenehmes Licht und spiegeln sich in den Glassteinchen wieder, wenn Sie gemeinsam zum California Dreaming hinübergleiten.

VORSCHLAG 2

***Materialien:***

pinkfarbene Lacktischdecke, pinkfarbener Tüll, weißer Kies vom Baumarkt, pinkfarbene Gerbera oder ähnlich schlichte Blumen, unterschiedlich hohe, schlanke Vasen oder Reagenzgläser, pinkfarbene Kerzen in verschieden hohen Kerzenhaltern, pinky Schleifenbänder, Glitzerpulver, typische Ami-Requisiten wie z. B.: Mickymäuse oder andere Disney-Figuren; Marshmallows, Hersheys und weiteres Ami-Süßzeug; pinkfarbene Spielzeug-Cadillacs

Untergrund dieser schrillen Idee ist eine grelle pinkfarbene Lacktischdecke, auf der sich der Tüll wallt. An einem Tischende türmt sich ein kleiner Hügel auf, in welchen Sie die Schleifenbänder (Ton in Ton) einarbeiten. Mitten hinein dekorieren Sie die Blumen einzeln in den Vasen, dazu kommen die Kerzen und darunter verteilen Sie den weißen Kies auf dem Tisch.

Nun dürfen Sie nach Lust und Laune Ihre liebsten und kitschigsten Ami-Requisiten präsentieren: Mickymäuse oder andere Disney-Figuren, Marshmallows, Hersheys und weitere pappsüße Sweeties, aufblasbare Kussmünder à la M.M., Spielzeug-Limousinen wie z. B. Pink Cadillacs ... Alles, was Sie an verrücktesten Dingen auftreiben können, bekommt hier ganz sicher den verdienten Applaus. Zum Schluss – ganz wichtig – den gesamten

US-Nippes glamourgerecht mit Glitzerpulver bestreuen. Filmreif – oder etwa nicht?

EINKAUFSLISTE

(Sollten Sie sich für das alternative Hauptgericht, die Tex-Mex-Tortilla mit Huhn, entschieden haben, ersetzen Sie bitte auf Ihrem Einkaufszettel die hier kursiv gedruckten Zutaten für das Rinderfilet durch die Zutaten aus dem Rezept auf S. 187.)

***Fleisch/Fisch:***

60 g frisches Krebsfleisch (ersatzweise in Dosen oder gepresst), *2 Rinderfiletsteaks* à 150 g, *2 Gambas/Scampi á 60 g*

***Gemüse/Obst:***

1 Knoblauchzehe, 1 kl. Romanasalat, 1 Zitrone, 1 kl. Gartengurke, 1 Avocado, *1 Schalotte, frisches Koriandergrün (zur Deko)*, frische Minze (zur Deko), 6 große frische Feigen

***Was Sie wahrscheinlich im Haus haben:***

Pflanzenöl, Butter, Pfeffer aus der Mühle , Meersalz, *Cognac*, Honig, Portwein, Zucker

***Feinkost/Supermarkt/Asia- oder Japan-Laden:***

30 g Räucherspeck (ohne Knorpel u. Schwarte), Toastbrot, 1 Glas Sardellenfilets, 2 Eier, 20 g Parmesan am Stück, 100 g Klebreis, Sushi-Reisessig, weißer Sesam, 2 Noriblätter, 1 Tube Wasabi (grüner Meerrettich), eingelegter Ingwer, Mayonnaise, jap. Sojasauce, Sushimatte (zum Aufrollen), Fächer, *Rinderfond, Hummerbutter/Krebsbutter, Schlagsahne, Portwein, weiß, 2 Bund Pak Choi (asiat. Kohlgemüse),* 300 g Vollmilchjoghurt

## Ihr Zeitplan

***Vormittag:***

- Einkaufen,
- Sonnenbank

***Nachmittag:***

- Wein kühlen,
- alle Zutaten abmessen und bereitstellen,
- Frozen Joghurt zubereiten und gefrieren,
- Croutons,
- Speckwürfelchen braten,
- Salat waschen,
- Sushireis zubereiten,
- Tisch dekorieren,
- Cocktails vorbereiten,
- Stylen

***Abend:***

- Kerzen anzünden,
- Cocktail anbieten,
- Dressing anrühren,
- Salat mischen und servieren,
- Rinderfilet anbraten und tiefgaren,
- California Rolls formen,
- Zwischengericht servieren,
- Steaksauce kochen,
- Pak-Choi-Gemüse braten,
- Gambas zubereiten und Sauce herstellen,
- Hauptgang anrichten und servieren,
- Dessertteller dekorieren,
- Nachspeise servieren

# Morgenstund hat Gold im Mund

## Frühstücksideen für den Morgen danach

Wenn Sie können, planen Sie Ihren Verführungsabend so, dass der nächste Morgen arbeitsfrei ist. Ein Wochenende ist ideal, aber auch Feiertagsvorabende sind hilfreich für ein zauberhaftes Frühstück, je nach Stimmung im Bett oder am Tisch (sofern bereits abgeräumt und chaosfrei). Checken Sie aber bitte vorher ab, ob Ihr Opfer diesen morgendlichen Nachschlag denn braucht oder mag … Wenn ja, dann muss dies vorab bedacht und geplant werden. Nachfolgend die Rezepte und Tipps, um Ihren Verführungsplan nahtlos fortzusetzen …

# Italienische Frühstücksideen

***Eier im Glas***

Eine Tomate und zwei Scheiben Kochschinken würfeln, pro Person je nach Wunsch 1–2 weich gekochte Eier (4–5 Minuten) schälen und möglichst unbeschädigt in zwei Gläser transferieren. Frischer gemahlener Pfeffer, Salz und ein wenig Muskatnuss geben die richtige Würze, frische Schnittlauchröllchen einen feinen Geschmack.

***Büffel-Mozzarella mit Tomaten und Basilikum***

4 Tomaten in Scheiben schneiden und in einem Ring auf den Außenrand auf zwei Teller dekorieren. Die Tomaten salzen, pfeffern und erst dann frische Basilikumblättchen darüberstreuen. In das Loch in der Mitte setzen Sie jeweils einen halben Mozzarellakäse mit der Schnittfläche nach unten und gießen einen guten Schuss hochwertiges Olivenöl darüber. Den Käse können Sie nun auch mit frischem Pfeffer und Salz würzen. Ich empfehle den Essig am Morgen wegzulassen, da die Geschmacksnerven erst langsam erwachen. Sie können aber jederzeit nach Geschmack guten Balsamico dazu reichen.

***Italofrühstück***

Italienische Schinken und Wurstwaren, auf einem Holzbrett gereicht, sind eine eher rustikale Version. Dekorieren Sie z. B. Parmaschinken, Bresaola, Pancetta, Salami und Mortadella mit Tomatenschnitzen. Dazu passt auch eine kleine Käseauswahl mit beispielsweise Gorgonzola, Parmesan, Pecorino und Bel Paese und ein paar Weintrauben zur Deko.

Zu diesen Frühstückstipps passt hervorragend ein knuspriges italienisches Ciabatta-Brot, welches mittlerweile auch schon zum Aufbacken erhältlich ist. Ein sahniger Cappuccino oder ein starker Espresso wecken müde Geister. Kleine Amarettoplätzchen machen sich gut am Rand des Untertellers Ihrer Tassen.

# *Französische Frühstücksideen*

Die Franzosen sind nicht die großen Frühstücksfreaks – nicht umsonst heißt das französische Frühstück »petit déjeuner«. Trotzdem gibt es sehr landestypische Vorschläge. Zum Beispiel die

***Variante für Süßmäuler***
mit frischen Croissants. Da hilft nix – raus aus den Federn und um die Ecke zum Bäcker oder notfalls in die Küche zum Aufbacken, serviert mit Butter und edlen Konfitüren, Nutella und Honig.

***Herzhafte Alternative***
Rührei mit Räucherlachs oder Krabben: Sie verkleppern 4–5 Eier in einem Topf und geben einen Schuss Milch hinzu. Die Milch macht das Rührei traumhaft locker. Würzen mit frischem Pfeffer, Salz und Kräutern nach Wunsch und braten das Rührei in der Pfanne. Nun müssen Sie sich nur noch zwischen z. B. Lachs, Krabben oder anderem Meeresgetier Ihrer Wahl entscheiden und alles appetitlich auf zwei Tellern anrichten.

***Luxusversion für Gourmets***
Spiegelei mit Trüffel: Wie so oft wirken exquisite Zutaten fast von allein, darum ist dieses Rezept auch völlig unkompliziert zu machen: Sie hauen 4 Eier in die Pfanne und braten ganz weltmännisch wunderbare Spiegeleier. Nach Belieben würzen, auf zwei Teller gleiten lassen und anschließend mit einem feinen Hobel frischen Trüffel darüber reiben. Allein der Duft macht hellwach. Sie werden's erleben.

Zu diesen Frühstücksideen passt das unvermeidliche Baguettebrot, ein gut duftender Café au lait und, wenn Sie mögen, ein Glas Champagner mit frisch gepresstem Orangensaft.

# *Thailändische Frühstücksideen*

Mein thailändischer Frühstücksvorschlag ist sehr leicht und frisch. Kaufen Sie exotische Früchte Ihrer Wahl wie z. B. Mangos, Papayas, Ananas, Melonen, Kiwis, Karambolas und servieren Sie alles zusammen auf einem großen schönen Teller, fein säuberlich geputzt, geschält und in mundgerechte Bissen zerteilt. Damit können Sie Ihren Liebsten dann liebevoll füttern oder sich selbst verwöhnen lassen.

Dazu reichen Sie exotischen Fruchtsaft – wenn möglich frisch gepresst.

Ein wunderbares heißes Morgengetränk ist mein Geheimrezept eines wohlschmeckenden Ingwertees: 4 cm frischen Ingwer schälen, in feine Scheiben schneiden, 2 getrocknete Aprikosen in Scheiben schneiden, 1 Walnuss vierteln und alles mit kochendem Wasser in einer Teekanne übergießen. Nun ca. 15 Minuten ziehen lassen und dann die Früchte entfernen. Den Tee mit 1 EL Orangenblütenhonig (auf eine Teekanne) süßen, umrühren, fertig!

Selbstverständlich können Sie auch Früchte- oder grünen Tee anbieten, beides passt gut zu den Früchten.

Eingefleischte Asienfans trinken oder löffeln morgens eine heiße Misosuppe. Die bringt den Kreislauf ordentlich in Schwung und gibt Energie für neue Taten …

# Orientalische Frühstücksideen

Da das Abendessen sehr reichhaltig war, sollten Sie am Morgen die Verdauung ordentlich in Schwung bringen. Ich habe mir dafür ein feines selbst hergestelltes

***Orientalisches Müsli***

ausgedacht. Mischen Sie verschiedene Flocken, wie z. B. Haferflocken, Dinkel- und Roggenflocken miteinander. Dazu schnippeln Sie nun Trockenfrüchte Ihrer Wahl klein. Alles, was uns der Orient beschert, ist willkommen: Datteln, Feigen, getrocknete Bananen, Rosinen, Aprikosen, Pflaumen – es gibt eine riesige Auswahl.

Sensationelle Energielieferanten sind Nüsse, wie Walnüsse, Haselnüsse, Pistazien und Kerne, z. B. Kürbiskerne, Sonnenblumenkerne usw. Etwas Honig oder Ahornsirup darüber geben und mit Sojamilch, Joghurt oder Sahne auffüllen.

***Orientalischer Joghurt***

Ein ganz feines Frühstück ist dieser sensationell einfach zuzubereitende Joghurt. Benutzen Sie möglichst die griechischen Joghurts, die sind supersahnig und haben genau die richtige Konsistenz. In zwei Gläser füllen, mit flüssigem Honig je nach Geschmack übergießen und mit halbierten Walnüssen bestreuen.

Dazu passt ein gut gesüßter Pfefferminztee, wenn möglich aus frischen Minzblättern, die sich sehr gut am Fensterbrett züchten lassen.

# Spanische Frühstücksideen

Spanier frühstücken auch nicht besonders ausführlich, jedoch gibt es auch hier einige nette Kleinigkeiten aufzuführen:

In jedem Fall ist ein herzhaft kräftiges Fladenbrot oder Boccadillos (kleine belegte Brötchen) genau das Richtige. Belegt man sie mit Seranoschinken und z. B. einem spanischen Schafskäse, geht die spanische Sonne auf. Auch ein milder Käse ist immer eine gute Alternative. Garnieren Sie die Schnitten mit Tomatenschnitzen, Zucchinischeibchen oder Oliven.

Sie mögen's gerne deftig oder es ist schon Brunchzeit? Dann offerieren Sie eine echt spanische Tortilla, ein Kartoffelomelett: In Scheiben geschnittene Kartoffeln soft anbraten und mit einer Mischung aus Ei, Milch, eventuell etwas Mehl, Paprika, Salz, Pfeffer und frischen Kräutern übergießen und stocken lassen. Vorsichtig wenden und servieren.

Ein feiner Traubensaft gibt den Vitaminstoß, Café con leche wärmt den Magen und spanischer Sekt, z. B. Cava oder Freixenet, macht müde Geister munter und bringt verlorene Energie zurück.

# Kalifornische Frühstücksideen

Die Amerikaner haben recht eigenwillige Essgewohnheiten, weshalb das typisch amerikanische Frühstück nicht verwundert:

***Scrambled eggs (Rühreier) mit knusprigem Bacon (Speck)***
Bereiten Sie Eier nach Wunsch zu: Ich empfehle Ihnen Rührei. Geben Sie der verrührten Eiermasse wieder einen Schuss Milch zu, dann schmeckt's ganz locker und leicht. *Bacon-Tipp:* So bekommen Sie knusprigen Bacon ohne Fett hin – legen Sie die Bacon-Scheiben nebeneinander zwischen 2 Lagen »Cross und Frit Papier« (z. B. Melitta) oder Küchenpapier in die Microwelle.

Bei 600 Watt 3,5 Minuten garen. Das Papier saugt das überflüssige Fett auf, der Bacon wird superknusprig. Übrigens gibt's von Hertha einen Bacon-Röster zu bestellen (ca. 16,– DM), der in der Mikrowelle genial funktioniert.

Und nun kommt der Clou: Wer's verträgt, richtet das Rührei ganz landesgemäß herzhaft mit Bratkartoffeln und kleinen Würstchen an. Und nicht vergessen: Ketchup/Worchestersauce ist ein must.

Die gesunde, leichte Alternative:

***Cottage cheese with Fruits***
Hüttenkäse wird mit vorbereiteten frischen Früchten wie Ananas, Melonenvariationen, Erdbeeren, Bananen usw. auf einem Teller angerichtet und serviert. Süßmäuler brauchen nicht leer auszugehen. Bieten Sie Muffins, Bagels, Pancakes mit Ahornsirup und Donuts an, die sind

mittlerweile in jedem größeren Supermarkt zu bekommen.
Kredenzen Sie Kaffee, all you can drink, und frisch gepressten Orangensaft. Let's go, Joe!

# *... und wenn der Schädel brummt*

Ihre Verführungstaktik hat funktioniert, Sie haben einen traumhaften Abend verbracht, die Nacht war ganz nach Ihrem Geschmack und ...

... der Morgen danach beschert Ihnen ein wenig Kopfzerbrechen, weil vielleicht eines der 25 Gläschen Wein doch nicht in Ordnung war? Auch kein Problem: Hier sind zwei Notprogramme für den »Day after«. Diese Drinks stellen Sie und/oder Ihren Schatz ruckzuck wieder auf die Beine.

***Katerkiller »Bullshot«***

Bereiten Sie eine »Consommé double«, eine doppelte Kraftbrühe zu. Dafür eignet sich am besten die Brühe der Firma *Campbell*. Würzen Sie gut und vergessen Sie das Selleriesalz nicht. Dann kommt's: einen Schuss Wodka hinzugeben. Diese Brühe können Sie heiß oder kalt zu sich nehmen. Funktioniert hundertprozentig. Ernst Lechthaler schwört darauf – und er muss es ja wissen! Bereiten Sie dies als Erstes am Morgen zu und schlüpfen Sie dann möglichst mitsamt Ihrem Schätzchen wieder ins Bett, um noch eine Runde zu schlafen.

Mein Tipp: Dieser Drink hat sich übrigens auch als letztes Getränk am Abend zuvor sehr bewährt. So wie andere Leute abends noch prophylaktisch eine Aspirin nehmen.

Für die Gesundheitsliebenden unter Ihnen gibt es hier noch ein Rezept für einen wunderbaren Morgenmixdrink, den Sie genauso gut als alkoholfreien Cocktail am Abend servieren können:

***Fit for Vitale***

Für 2 Personen mischen Sie 2 cl Zitronensaft, 1 cl Grenadinesirup, 16 cl Orangensaft, 24 cl Ananassaft und vermischen alles mit Eis. In zwei Gläser füllen und mit einer Orangenscheibe und frischer Minze dekorieren. Zwei Trinkhalme hineinstecken – fertig. Man sieht: Auch ohne Alkohol kann ein Drink traumhaft schmecken.

# Tipps und Tricks

# Gabriellas sechs Gebote zum Weichkochen

Spass

Das Wichtigste an Ihrem Verführungsplan ist, dass er Ihnen selbst gefällt. Wenn Sie mit Lust und Liebe zur Tat schreiten, können Sie nur erfolgreich sein. Außerdem schmeckt's dann nochmal so gut: Sinnlichkeit ist schließlich eines der schmackhaftesten Gewürze. Also: Freuen Sie sich auf das Kochen und auf den Abend, toben Sie Ihre Kreativität aus. Probieren Sie ruhig mal etwas Neues aus. Nur Mut, Sie werden überrascht sein, wie schnell sich Ihre Ausstrahlung verändert. Und Ihr Vergnügen an der Vorbereitung eines Abends nur mit ihm wird Ihrem angebeteten Opfer sicher nicht verborgen bleiben. Weniges wirkt so erotisch wie Lebenslust und vorbehaltloser Spaß an dem, was man gerade tut und genießt.

Atmosphäre

Es sind die kleinen Dinge, die winzigen Details, die eine prickelnd erotische Stimmung erzeugen – oder ruinieren können: Sanftes Kerzenlicht, ein liebevoll gedeckter Tisch, ein hinreißendes Menü, entspannte Unterhaltung – all diese Zutaten ergeben eine perfekte Verführmischung.

Stolpert er aber gleich beim Eintreten über das Katzenklo, trifft er auf eine hektisch hin und her rasende Gastgeberin und muss er sich durch Wäscheberge bis zum

Badezimmer kämpfen, laufen Sie Gefahr, dass er beim zweiten Rendezvous ausbleibt und stattdessen seine Putzfrau vorbeischickt. Bei frisch eroberten Objekten sollten Sie übrigens damit rechnen, dass er im Bad mal in Ihren Schrank blinzelt. Männer sind superneugierig, obwohl sie es niemals zugeben würden.

### Aufmerksamkeiten

Sie haben diesen Abend für Ihren Liebsten inszeniert und darum dürfen Sie ihn auch mal ausnahmsweise auf Händen tragen. Hören Sie aufmerksam zu, stellen Sie Fragen, zeigen Sie sich interessiert. Ob Sie's glauben oder nicht: Nur allzu oft müssen Männer im Alltag um Aufmerksamkeiten kämpfen. Dieser Abend gehört ganz ihm – und Sie bekommt er als Präsent obendrauf.

### Geniesser-Qualität

Lieber eine Flasche »Premier Grand Cru« als drei billige Flaschen Vino da Tavola, lieber Fleisch vom Fachmann als abgepacktes Supermarktformpressfleisch, lieber Frischgemüse von der Obstfrau als schlappe Hollandtomaten im 12er-Pack. Zumindest an diesem Abend muss gelten: Qualität hat ihren Preis, vergleichbar etwa mit den »Unkosten« für einen gediegenen Restaurantbesuch.

### Körpersprache

Schau mir in die Augen, Kleiner! Entdecken Sie Ihren vom Alltagstrott manchmal etwas zermürbten Charme wieder. Erinnern Sie sich wieder an Ihren Humor, den Sie irgendwo verloren hatten. Spielen Sie »zufällig« mit Ihren Haaren, als würde eine frische Brise durch Ihr Wohnzimmer wehen. Und wenn Sie aufstehen, um Salz oder Pfeffer zu holen, rennen Sie nicht, als wollten Sie den letzten Bus bekommen. Schlendern Sie lieber, als hätten Sie einen Hulahoopreifen um die Hüften. Jeder Meter Ihrer Wohnung ist ein Laufsteg. Seien Sie sich Ihrer Erscheinung in jeder Situation bewusst. Sie sind zumindest heute Abend seine Traumfrau.

MUSIK

Legen Sie mit Bedacht auf! Ernst Mosch oder Eric Silvester sind vielleicht nicht ganz angebracht und wenn Sie Beethovens »Freude schöner Götterfunken« zu früh auflegen, bleibt nichts mehr für den wirklich sinnlichen Teil. Vorsicht auch vor avantgardistischen Klängen. Die führen allzu leicht zu Misstönen …

Wählen Sie Musik aus, bei der Sie sich wohl fühlen und die Sie kennen. Oder noch besser: Legen Sie einige CDs aus den Musikrichtungen, die Sie mögen, zur Auswahl hin, und lassen Sie ihn auswählen, während Sie in der Küche zu hantieren haben. Wichtig auch: Nicht zu laut! Die erste Geige heute Abend spielt schließlich Ihre verführerische Stimme.

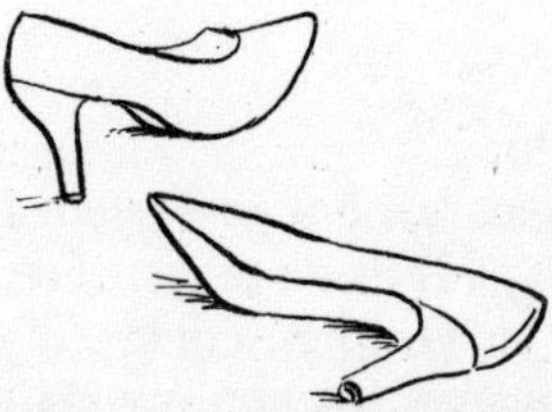

# *Die sechs Todsünden eines Verführungsabends*

ABLENKUNG

Die gesamte Telekommunikation ist für diesen Abend unbedingt komplett zu unterbrechen. Sorgen Sie unter allen Umständen dafür, dass kein Telefon klingeln kann, der Anrufbeantworter leise gedreht ist, das Faxgerät sich stur stellt und im Speichermodus verharrt, Ihr Handy im Handschuhfach Ihres Autos Urlaub macht, der Fernseher ausgeschaltet bleibt, das Internet Pause hat und E-Mails Sie nicht ablenken können. Sie sind für niemanden als für Ihren Lover zu sprechen. Sorry, keine Ausnahmen! Und entwinden Sie auch Ihrem Schatz liebevoll das Handy, wenn er nicht von selbst drauf kommt, es auszuschalten. Und damit Sie den Abend unbeschwert genießen können: Geben Sie die Kinder, so vorhanden, übers Wochenende zu Tante Elfriede. Dasselbe gilt übrigens für Hund und Katze.

ALKOHOL

Betrachten Sie den Alkohol an diesem Abend als einen Verbündeten, nie jedoch als engen Freund, denn dann wird er sich als Ihr Feind zu erkennen geben. Niemand will von der Gastgeberin schon mit einer Fahne begrüßt werden. Zu viel Alkohol setzt dem Candlelight-Dinner ein zu frühes, unliebsames Ende. Seine segensreiche Wirkung auf die Libido gilt schließlich nur, solange man ihn in Maßen genießt. Die Cocktails, z. B. für den asiatischen Abend, wollen beherrscht sein: Sind sie zu süß, überdecken Sie den Geschmack der nachfolgenden Gänge, sind sie zu reichhaltig, hat Ihr Herzbube bereits nach der Vorspeise keinen Appetit mehr. Setzen Sie bei dem Angebot Ihrer »Hausbar« auf Qualität, nicht auf Quantität. Denn Ihr Traummann soll am nächsten Tag bestenfalls unter Herzflattern leiden, nicht aber unter Kopfschmerzen.

### Kalorien

Kommen Sie bitte nicht ausgerechnet an Ihrem Verwöhnabend auf die Idee, ihm von neuesten Erkenntnissen der Ernährungsforschung oder gar von Diäten zu berichten. Der Mann Ihres Herzens sollte, genau wie Sie, einen hemmungslosen Abend genießen und nicht erleiden. Leidenschaftliches Schlemmen und ein wenig Maßlosigkeit können unglaublich stimulierend wirken, Diätengefasel indes langweilt ihn nur, weil er sowieso nicht nachvollziehen kann, wo Sie noch abnehmen müssten, da er Sie in Ihrem sexy Outfit optisch für absolut vollkommen hält. Frauen reden sowieso viel zu oft vom Abnehmen und kokettieren damit, sie seien zu dick – das nervt Männer, weil sie meist gar nicht auf die klapperdürren Kate-Moss-Gestelle stehen, die solche Komplexe auslösen. Auch beim Kochen sollten Sie diesmal souverän über Ihren Diät-Schatten springen. Schnippeln Sie nicht wie eine Magersüchtige säuberlich alle Fettränder vom Fleisch ab, pulen sie nicht hysterisch die Kalorienträger aus dem Essen, sondern denken Sie dran: Fett ist der beste Geschmacksträger. Fettarme Nahrung schmeckt in der Regel intensiv nach – gar nichts.

### Portionen

Weniger ist mehr. Deshalb sind kleine, feine Portiönchen angesagt. Sollte er nach dem Zwischengericht schon die weiße Fahne der Sättigung schwenken, waren Sie ganz offensichtlich zu großzügig. Die Rezepte sind vielfach getestet und optimal bemessen, vertrauen Sie mir. Bei mir hat noch niemand hungrig den Tisch verlassen.

Und noch ein Tipp: Probieren Sie nicht zu viel vorher, auch wenn's schwer fällt. Abschmecken heißt nicht, sich den Bauch vollzuschlagen. Später dürfen Sie ruhig zeigen, dass es Ihnen schmeckt. Männer stehen ganz und gar nicht auf Salatblätter nagende Frauen. Übrigens, beim Essen erkennt man die Fähigkeit seines Gegenübers zur Leidenschaft am schnellsten. Schmatz!

### Tabuthemen

Frauenleiden, Krankheiten, Sonderangebote und Ex-Männer sollten als Konversationsobjekt tunlichst mit dem Bannstrahl versehen werden. Auch Fragen über Parteizugehörigkeit, Konfirmation und die letzte Steuererklärung sind nicht unbedingt geeignet, romantische Gefühle aufkommen zu lassen. Und ganz tabu sind auch Gespräche über anderes Essen: Feinfühlige Genießer leiden wie ein Hund, wenn sie gerade ein Zanderfilet auf der Zunge zergehen lassen und sich dabei Berichte über eine köstliche Götterspeise anhören müssen, die Clothilde zum letzten Weiberpicknick im Park mitgebracht hat.

### Fishing for Kompliments

Natürlich wollen Sie für Ihre Mühen gelobt werden, klarer Fall. Aber erzwingen Sie es nicht mit der Brechstange. Das gibt nur Beulen … Rhetorische Fragen à la »Hab ich das nicht toll gemacht?« bewirken nicht selten eher das Gegenteil. Bleiben Sie zurückhaltend, dann folgt das Kompliment auf dem Fuß. Garantiert. Sein Bleiben sagt dann ohnehin mehr als Worte.

# Die Tiefgarmethode – Highlight der Verwöhnküche

Manchmal scheint es mir, als hätte der britisch-amerikanische Physiker Count Rumford auch ein Verwöhn- und Verführungskochen im Sinn gehabt, denn besser und einfacher als mit der von ihm erfundenen Tiefgarmethode können Sie Fleisch nicht genau auf den Punkt garen. Rumford führte seine Experimente an der Wende zum 19. Jahrhundert durch und ersann damit so etwas wie eine Garantie für perfektes Braten.

Die Tiefgarmethode eignet sich für jede Art von Fleisch, ganz besonders auch für größere Fleischstücke, die nicht durchgebraten werden, wie z. B. Rinderfilet, Roastbeef, Lammkeule, Rehrücken oder Ente und Gans. Besonders gerne wird sie bei kostbarem Fleisch angewandt, das sich oft nur schwer auf den richtigen Punkt garen lässt.

In meiner Verwöhnküche hat die Tiefgarmethode ihren festen Platz, denn während sich das Fleisch im Ofen von Zauberhand zu einem superzarten Gaumenschmeichler entwickelt, haben Sie alle Zeit der Welt, um sich zuerst Ihrer Haut und *Ihren* Haaren – und dann mit Haut und Haaren Ihrem Liebsten zu widmen. Unmöglich, denken Sie? Ganz und gar nicht! Hier die logische Erklärung für das Phänomen:

Darüber, welchen Garzustand Ihr Fleischstück haben soll, entscheidet die Dauer des Anbratens in der Pfanne. Nochmal zur Erinnerung: *Bien cuit* bzw. *welldone* (= durchgebraten), *à point* bzw. *medium* (= auf den Punkt, rosa gebraten), *saignant* bzw. *rare* (= englisch gebraten, noch blutig) oder *bleu* (= für Sekunden angebraten, fast roh) sind die Möglichkeiten. Durch das Abwandeln der Anbratzeiten bestimmen Sie den Garpunkt. Ein Fleischstück, welches *medium* auf den Tisch kommen soll, wird eben einen Moment länger angebraten, bevor es bei niedriger Temperatur dem Ofen überlassen wird.

Beim Anbraten in heißem Fett schließen sich die Poren bekanntlich sofort. Durch den Hitzeschock zieht sich der Saft ins Fleischinnere zurück. Stellt man das Fleisch jedoch anschließend in den Ofen, kann es sich wieder entspannen. Der Saft zirkuliert dann im ganzen Stück und verteilt sich wieder gleichmäßig. Im Ofen setzt neben dem Entspannen auch der Tiefgarprozess ein.

Die Voraussetzung dafür, dass die Tiefgarmethode funktioniert, ist die Ofentemperatur, bei der sich das Fleischstück »entspannt«. Oberhalb bestimmter Grenztemperaturen setzt nämlich die Eiweißgerinnung und damit ein erneuter (oft unerwünschter) Garprozess ein. Diese Grenztemperaturen sind je nach Fleischsorte unterschiedlich. Bei Fisch beginnt der Garprozess bei 56 °C, bei Geflügel bei 65 °C und bei Fleisch bei 74 °C. Je stärker diese Temperaturen überschritten werden, umso schneller erfolgt die weitere Garung.

Hier ein kleines Beispiel zum besseren Verständnis: Bei 74 °C bleibt ein Steak ziemlich genau in dem Garzustand, der durch das Anbraten erfolgte. Bei 80 °C setzt ein ganz sanftes Weitergaren ein. Eine Temperatur von 75–80 °C ist somit für Geflügel und Fleisch ein guter Mittelwert, der bedenkenlos auch über längere Zeit angewandt werden kann. Bei dieser sanften Wärme können Sie das Fleisch in den Ofen schieben und «vergessen«. Zumindest für einige

Zeit. Theoretisch lässt sich Fleisch bei 80 °C stundenlang warm halten. Wichtig ist dabei, dass Sie es nicht abdecken, damit sich die Hitze nicht staut. Verzichten Sie also bitte auf das Benutzen von Folien oder Deckelchen.

Gegen das »Austrocknen«, das viele befürchten, hilft vielmehr, auf den Umluftmodus zu verzichten. Sie benötigen auch keinerlei besonderes Kochgeschirr; das Fleisch kann aufgrund der niedrigen Temperatur auf dem Backblech, einem Gitterrost (mit untergeschobener Tropfschale) oder direkt in der Pfanne ungestört im Ofen verweilen, bis Sie Monsieur verzaubern möchten.

Während der Testphase für dieses Buch fiel mir auf, dass die Temperaturanzeigen bei den Backöfen meiner Freunde und Testkocher sehr oft ungenau waren. Am größten waren die Ungenauigkeiten bei Öfen ohne Digitalanzeige. Genauso wenig konnte man sich auf Umluftherde verlassen – diese waren meist auf 80 °C eingestellt, zeigten beim Checken aber wesentlich weniger Hitze. Für solche Situationen hat sich ein Fleischthermometer sehr bewährt. Die Spitze wird normalerweise in den Braten gestochen, um Ihnen die Temperatur bzw. den Garpunkt des Fleisches mitzuteilen. Wenn Sie dieses Thermometer allerdings einfach in den Ofen legen, wird dieses pfiffige kleine Ding Ihnen genauso verraten, ob Ihr Ofen die gewünschte Temperatur hält. Ich empfehle Ihnen, dies vorher mal auszutesten, dann können Sie sich beim Braten auf Ihre Erfahrungen stützen.

In den Menü-Rezepten sind die Anbratzeiten und auch die Verweildauer und Temperatur im Backofen genau angegeben. Sie verstehen sich als Mindestgarzeiten. Eine längere Garzeit ist eher qualitätssteigernd. Die Verweildauer für kleine Fleischstücke, z. B. Entenbrust oder Filetsteak, beträgt mindestens 15 Minuten. Selbstverständlich können Sie diese Tiefgarmethode auch in Ihr alltägliches Küchenleben integrieren. Darum hier zur Erleichterung Ihrer »Hausfrauenpflichten« noch einige Erklärungen für die, die es ganz genau wissen möchten.

Grundsätzlich gilt folgende Regel: Sie braten Fleisch (Geflügel) wie gewohnt an und geben es nach dem Anbraten wie bisher bei ca. 200 °C in den Backofen. Dort verweilt es jedoch bei dieser Temperatur nur noch 1/3 der bisherigen Zeit. Die verbliebenen 2/3 werden mit 3 multipliziert, daraus errechnet sich die Tiefgarzeit.

***Ein Beispiel:***
Filetsteak, ca. 200 g. Ziel: rosa gebraten, also medium.

*Bisherige Verweildauer:*
ca. 15 Minuten bei 200 °C im Backofen

*Neue Tiefgarzeit:*
1/3 der Zeit = 5 min. Bleiben 2/3 der Zeit = 10 min. Diese 10 min. multipliziert mit 3 = 30 min. Tiefgarzeit bei 75–80 °C. Gesamte Tiefgarzeit bei 75–80 °C sind also 35 min. (5 min. bei 200 °C + 30 min. bei 75–80 °C)

Selbstverständlich haben wir mit diesen Anbrat- und Ofenzeiten ein wenig herumexperimentiert. Wenn Sie nun die Verweildauer im Ofen gerne abkürzen möchten, besteht bei gleichem Ergebnis die Möglichkeit, die Fleischstücke nach dem Anbraten anschließend bei 200 °C im Backofen auf den gewünschten Garpunkt zu bringen. Bei dieser Abwandlung der klassischen Tiefgarmethode muss das Fleisch nur noch entspannen, da der gewünschte Garpunkt, wie oben erwähnt, bereits erreicht ist. Diese Variation finden Sie auch in einigen der Rezepte wieder.

# Gabriellas Secrets – Küchentricks von A bis Z

**Hier habe ich die besten Tipps aus dem Menüteil und eine ganze Reihe weiterer Tricks und Hinweise zusammengestellt – schön ordentlich in alphabetischer Reihenfolge.**

ARBEITSPLATTE

Ich stelle mir eine hohe Tasse (Kaffeekübel, Bierhumpen) bereit, in die ich dann das Kochwerkzeug wie Löffel, Messer und Kochlöffel hineinstecke. So habe ich sie immer griffbereit und verschmiere mir nicht dauernd die Arbeitsplatte. Einfach das Werkzeug zwischendurch unter heißem Wasser abspülen, reinstellen, fertig.

BACKOFEN

Die meisten Küchen haben nur einen Herd mit dazugehörigem Backofen. Mittlerweile gibt es meiner Erfahrung nach nur noch sehr wenige Haushalte, die nicht über eine Mikrowelle verfügen. Ich bin wirklich keine große Freundin dieser Geräte, aber wenn sie mit einer zusätzlichen Backfunktion ausgestattet sind, können sie uns Küchenfeen doch vieles erleichtern. Vom Warmhalten der Gerichte über die Auftauautomatik bis zum Anwärmen der Teller: So ein zweiter Ofen bringt's schon. Sollten Sie nun gar nicht auf »verstrahltes« Essen stehen, kann ich Ihnen empfehlen, sich einen dieser kleinen Minibacköfchen zuzulegen. Die kosten so um die 70,– DM und können neben dem morgendlichen Brötchenaufbacken noch viele kleine Dienste mit erledigen. Zudem amortisiert sich der Kaufpreis bald durch den geringeren Stromverbrauch, wenn Sie rechnen, dass Sie sonst wegen jeder Kleinigkeit den großen Backofen anheizen müssten.

### Cleaning

Damit Kochen Spaß macht, muss man auch rumschmaddern können. Während des Vorbereitens brauchen Sie nicht von sich zu verlangen, dass Ihre Küche aussieht wie neu. Allerdings ist es stressfreier, wenn nicht nach wenigen Minuten alle Flächen voll mit dreckigem Kochgeschirr stehen. So viel Sie können, sollten Sie also während des Kochens schon abspülen und wegräumen – eine Geschirrspülmaschine ist da natürlich die Rettung. Aufräumen und Küche putzen, während Ihr Besuch da ist, törnt völlig ab und ist strengstens untersagt! Das hat Zeit, bis er weg ist – oder bis er so hin und weg von Ihnen ist, dass er die Küche freiwillig aufräumt …

Was ich allerdings immer sofort wegmache, sind Mehl- und Teigreste, Eigelbflecken und Fruchtfleisch (z. B. an der Zitronenpresse) – dieses erfordert, wenn es erst mal angetrocknet ist, nämlich mindestens den zehnfachen Putzaufwand.

### Desserts

Schokolade ist beim Schmelzen so sensibel wie ein männliches Wesen. Zwei Dinge dürfen Sie sich merken: Die Temperatur muss stimmen, also auf keinen Fall kochen, sondern nur vorsichtig schmelzen. Tasten Sie sich langsam an die richtige Temperatur heran. Zweitens darf kein Wasser in die geschmolzene Schokolade kommen.

Also Löffel und Töpfe immer gut abtrocknen, denn sonst würde die Schokolade sofort stocken und man kann sie dann kaum noch weiterverarbeiten.

### Eis

Selbstverständlich sind Sie mit einem der tollen Home-Eismaschinchen ganz weit vorne (auch bei Sorbets und Parfaits), jedoch gibt es auch für die manuelle Herstellung von Eis ein paar interessante Tricks. Normalerweise sollte die zu gefrierende Masse immer mal wieder durchgerührt werden, um zu vermeiden, dass sich Kristalle bilden. Klaus hat aber noch eine tolle Idee, um sich das dumme Rühren zu ersparen: Sie benutzen eine herkömmliche Kuchenform (Kastenform) und schlagen diese mit Klarsichtfolie aus. Nun lassen Sie die Eismasse im Tiefkühler zu einem Block gefrieren. Dann nehmen Sie den Eisblock heraus, schneiden bzw. hacken ihn in grobe Stücke und geben diese in einen Mixer oder Shaker, wo sie zu einer cremigen Masse gerührt werden. Anschließend wieder ab in den Tiefkühler, bis die gewünschte Konsistenz erreicht ist (ca. 1/2 bis 1 Stunde). So können Sie den gewünschten Gefriergrad für Ihre süße Leckerei selbst bestimmen.

### Fisch

Manche Fische, wie z. B. Zander, sind nach dem Garen extrem empfindlich und mögen es gar nicht, wenn sie »umgebettet« werden. Gerade längere Filets zerbrechen dann sehr schnell. Dies können Sie aber durch einen Trick verhindern: Sie müssen den Fisch nur vor dem Braten »mehlieren«, d. h. erst ganz normal salzen und pfeffern, dann das Filet in Mehl legen und dieses aber nun sehr gut abklopfen. Achten Sie darauf, dass der Fisch gut trocken ist, sonst bindet die Feuchtigkeit zu viel Mehl.

Es darf wirklich nur ein Hauch von Mehl am Fisch verbleiben.

Seeteufel ist übrigens der einzige Fisch, der bei zu langen Garzeiten sehr stark aussaftet, sprich: zu trocken wird. Das heißt, dass Sie bei diesem Fisch immer darauf achten sollten, dass er nur extrem kurze Garzeiten verträgt.

### Gewürze, Kräuter und Salz

Es gibt bei Ikea für kleines Geld Pfeffermühlen aus Kunststoff, mit super Mahlwerken, die nicht aus Metall sind und somit auch nicht rosten können. Ich habe davon ein ganzes Sortiment gekauft und mit allem gefüllt, was ich normalerweise reiben oder mahlen müsste, z. B. getrocknete Chilis, Wacholderbeeren, Nelken, Kümmel, Meersalz usw. Die herzigen Helferlein stehen wie die anderen Gewürze im Regal und sind immer ohne großen Aufwand einsatzbereit. Noch ein kleiner praktischer Tipp: Entfernen Sie die lästigen Folienverpackungen und Klebebänder von eventuell neu gekauften Gewürzverpackungen rechtzeitig vor Beginn des Kochens. Oder füllen Sie Gewürze gleich in Streuer um. Sonst haben Sie im entscheidenden Moment, wenn Sie eine Messerspitze Paprika brauchen, ein Mordsgefummel und Geschmiere und verlieren unnötig Zeit.

Es ist nicht ganz einfach, Petersilie vorschriftsmäßig klitzeklein zu hacken. Schon als Kind hatte ich zu große Blätter – oder, wenn ich ganz eifrig sein wollte, einen Fingernagel ruiniert. Meine Mutter riet mir trotzdem stets: »Spargel isst man ohne Messer und Petersilie schneidet man nur mit Messer.« Mami, verzeih mir, aber ich habe einen viel besseren Trick: Die Petersilie von den Stengeln zupfen und in ein ordinäres Wasserglas füllen. Dann die (saubere) Haushaltsschere reinstecken und mit beiden

Händen die Schere auf und zu machen, bis Sie die feinste Petersilie der Welt haben. Dies dauert nicht mal eine Minute und Ihre frisch manikürten Fingernägelchen bleiben heile.

Wenn *Salz,* dann möglichst Meersalz. Allerdings werden im Handel unterschiedlichste Sorten und Qualitäten angeboten. Mein Tipp: Versuchen Sie das naturbelassene Meersalz aus der Bretagne aufzutreiben. Leider ist dies nicht ganz einfach, doch es lohnt sich wirklich, es schmeckt wesentlich besser als Salinensalz. Außerdem sind die Mineralstoffe noch eingebunden, denn es ist wirklich nur eingedampftes Meerwasser. Zerdrücken Sie es am besten mit der flachen Seite eines großen Messers auf einem Holzbrett. Salinensalz hingegen ist viel trockener, dadurch ist es für Salzmühlen besser geeignet. In denen bleibt Meersalz meistens kleben.

Übrigens: Obwohl ich das schon oft anders gelesen und gehört habe: Gesalzen wird Fleisch und Fisch immer, bevor man brät! Ich weiß nicht, woher die gegenteilige Meinung stammt, aber für mich gibt es eine sehr logische Erklärung für meine Überzeugung: Salz muss die Möglichkeit haben, sich im Bratgut zu verteilen. Wenn man das Fleisch zuerst anbrät, kann dies nicht geschehen, denn durch das Schließen der Poren im heißen Fett entsteht sofort eine versiegelte Oberfläche. Und genau darauf bleibt das Salz hängen, wenn Sie später würzen. Das bedeutet 2 mm intensiven Geschmack und der Rest schmeckt im besten Fall nach dem (ungesalzenen) Produkt, meist aber nach gar nix.

### Hummer und Co.

Im Fischgeschäft erhalten Sie (manchmal auch nur auf Bestellung) einen frischen, gegarten Hummer. Ich persönlich stehe nicht darauf, das selbst zu übernehmen. Eine Alternative sind gefrorene Hummer (oder Hummerfleisch), die mittlerweile schon in jedem größeren Supermarkt erhältlich sind.

Das Zerlegen ist allerdings nicht ganz einfach und es gibt selbstverständlich genaueste Vorschriften in allen möglichen Knigges. Hier ist meine praxisnahe Anleitung:

Sie brechen die Scheren vom Körper. Dann lösen Sie das Fleisch aus den Scheren, indem Sie diese in ein Handtuch wickeln und mit dem Boden eines kleinen Topfes draufschlagen, so dass Sie die Schale knacken, um an das Fleisch zu kommen. Der Kopf lässt sich nun ganz leicht abdrehen. Mit einer Geflügelschere schneiden Sie anschließend den Panzer der Länge nach auf und entnehmen das Fleisch.

(Es kommt immer viel weniger aus diesen Viechern raus, als man sich vorstellt, aber die Arbeit lohnt sich, das Fleisch ist wirklich köstlich.) Jetzt müssen Sie nur noch am Rücken den Darm entfernen. Das Fleisch 2 mm tief längs einschneiden und den Darm vorsichtig herausziehen. Die ausgelösten Scheren können Sie zum Schluss für die Dekoration verwenden.

Hummer- oder Krebsbutter bekommen Sie am ehesten in Fischfachgeschäften und manchmal auch in guten Feinkostläden.

Krebsfleisch sollte stets frisch sein; die gepressten Sticks in Dosen sind ein sehr schlechter Ersatz und man möchte lieber nicht wissen, welches Meeresgetier einem da alles als »Krebs« verkauft wird.

Die Fachbezeichnungen für Gambas richten sich nach der Menge von Gambas, die ein Kilo ergibt: *13/15er* (sprich »dreizehn-fünfzehner«) z. B. bedeuten, dass 13 bis 15 Stück auf ein Kilo kommen.

INSTANT

Instant-Produkte können mitunter segensreiche Helfer sein, doch bei diesen außergewöhnlichen Menüs sollten Sie sie vielleicht mal weglassen ... Dicken Sie »zu flüssige« Saucen lieber mit echten Produkten wie z. B. die im Rezeptteil erwähnte Mehlbutter, Sahne oder Ei an, bevor Sie auf Konzentrate zurückgreifen, die in der Regel einen Einheitsgeschmack haben. Oder lassen Sie einfach bei schwacher Hitze den Kochtopf offen – und das flüssige Problem verköchelt auf elegante Weise von selbst (»Reduzieren«).

Vorsicht auch bei Fertigsahne (die zum Shaken und Sprühen): Sie schmeckt sehr süßlich und wir wollen uns doch nicht die Nachspeise ruinieren!

Und schließlich: Auch Instant-Kaffee gehört ausschließlich zum Espresso-Eis-Rezept und nicht in die Kaffeetasse! Wenigstens für diesen einen Abend!

JOGHURT

Joghurt spielt besonders in der orientalischen Küche eine wichtige Rolle, doch auch in Kalifornien stehen Joghurt-Dips auf nahezu jedem Tisch. Achtung: Fettarme Joghurts eignen sich weniger zum Mischen, weil sie beim Anreichern mit Kräutern und Gemüse leicht verwässern. Am besten geeignet sind die griechischen Sahnejoghurts. Schließlich wollen Sie Ihre Leckereien tunken und nicht ertränken ...

KNOBLAUCH

Stellen Sie sich vor, Sie haben's geschafft: Die Stimmung ist grandios, das Menü war erste Sahne, Sie sehen umwerfend aus. Er kriegt sich kaum noch ein, schaut Sie verliebt an, ist völlig überwältigt, kommt Ihnen näher, nimmt Ihre Hand und will filmreif einen Kuss auf Ihren

Handrücken hauchen … IIIIHHHH, Ihre Finger stinken ganz erbärmlich nach Knofi und Zwiebel. Super, das war's dann wohl. Aber es gibt da eine unübertroffene Erfindung: Die *Küchenmaus*. Ich habe zwar keine Ahnung, *wie*, aber sie funktioniert! Es ist ein kleines Stück Metall, so groß wie ein kleines Stück Seife, in der Form einer Maus. Ganz simpel anzuwenden: Sie waschen sich damit ganz normal die Hände unter fließendem Wasser. Enthält kein Spülmittel oder Seife und ist absolut ungiftig. Erhältlich in guten Küchenläden. Kostet fast nix – und der Effekt ist verblüffend: Keinerlei Knoblauch- und Zwiebelgerüche mehr an den Händen!

(Allerdings: Gegen die Körper-Ausdünstungen am nachfolgenden Tag kann auch die Zaubermaus nichts ausrichten.)

LIMETTE

Limetten (Limonen) sind erheblich kleiner als handelsübliche Zitronen – aber dafür umso saftiger. Allerdings trocknen sie viel schneller als Zitronen von innen aus, deshalb also nicht Tage vorher einkaufen und auf dem Fensterbrett in der prallen Sonne lagern, sondern möglichst erst kurz vor dem großen Abend. Die meisten der angebotenen Limetten kommen ungespritzt auf den Markt und eignen sich deshalb besser für Cocktail-Verzierungen als ihre chemisch behandelten Verwandten aus Sizilien. Besonders die orientalische und die thailändische Küche ist ohne Limetten unvorstellbar – und Fischfinger sind es übrigens auch. Spätestens seit der Palmolive-Werbung wissen wir ja alle: Die eleganteste Art, sich das Fett von den Händen zu waschen, ist Zitronen- oder eben Limettenwasser.

### Messer

Hier kommt die Botschaft der frohen Hoffnung: Wenn Sie Ihren Gast nur einmal zum Messerschärfen kriegen, haben Sie ein lebenslanges Argument, warum er bei Ihnen bleiben sollte. Messer sollten nämlich, wenn möglich, immer von derselben Person geschliffen werden. Das hat damit zu tun, dass die Richtung, in der das Messer über den Stahl gezogen wird, immer dieselbe sein sollte. Wenn zwei verschiedene Leute in zwei verschiedene Richtungen arbeiten, macht der eine das Messer scharf und der andere es wieder stumpf. Die Alternative ist also, dass Sie sich mit ihm auf eine Richtung einigen – wie im richtigen Leben!

Noch ein Tipp: Bitte gute Messer nie in die Spülmaschine geben und, wenn möglich, auch nur mit kaltem Wasser reinigen. Die hohe Spültemperatur richtet die Teilchen im Stahl nämlich anders aus, was das Messer auch wieder stumpf macht. Sie merken: Messer können sehr komplizierte und sensible Gerätschaften sein.

### Nudeln

Im italienschen Menü gebe ich Ihnen eine genaue Anleitung für selbst gemachte Tortelloni. Selbstverständlich können Sie aus dem Teig jegliche Arten und Formen von Pasta herstellen. Sie brauchen dafür auch wirklich keine Hightech-Nudelmaschine. Wenn Sie sich die Arbeit ein wenig erleichtern wollen, besorgen Sie sich eine kleine manuelle (bei Ikea für ca. 50 DM). Damit lassen sich Pastateige in der tollsten Weise bearbeiten. Mein Tipp dazu: Nachdem der Teig 1 Stunde geruht hat, müssen Sie ihn 3–4-mal falten und immer wieder bei Stufe 1 durch die Nudelmaschine leiern. So wird er optimal durchgeknetet. Erst dann beginnen Sie, Stufe für Stufe, mit dem Ausrollen. Die Nudelmaschinchen haben Stufen von 1–7, damit der Teig Schritt für Schritt immer dünner ausgerollt werden kann. Wenn Sie zum ersten Mal Nudeln selbst machen, empfehle ich Ihnen, nicht über Stufe 5 zu gehen, denn 6 und 7 sind wirklich papierdünne Teigblätter, die in ungeübten Händen nur auseinanderreißen. Sie können den Teig zu Anfang in mehrere kleine Portionen (Klümpchen) teilen – so werden die Teigplatten nicht kilometerlang und sind einfacher zu handhaben. Wenn Sie sich an gefüllte Pasta wagen, sind Teigrädchen sehr hilfreich. Eine gute Alternative sind auch ganz normale Gläser. Am besten benutzen Sie zwei verschiedene Größen: Erst die Füllung auf den Teig setzen, dann die zweite Teigplatte darüber legen und abdecken. Jetzt mit dem kleineren Glas den Rand vorsichtig andrücken und »verschließen«. Danach benutzen Sie das zweite, größere Glas zum Ausstechen. Die Nudeln werden wortwörtlich wie gezirkelt.

### Öl

Auch in Sachen Speiseöle hat sich am Markt seit einigen Jahren extrem viel getan. Wichtig ist bei der Auswahl stets, ob Sie mit dem Öl braten wollen oder ob es direkt, z. B. im Salat verwendet wird. Es werden kalt- und warmgepresste Öle angeboten. Wenn auf der Flasche »aus erster Pressung« bzw. »extra vergine« steht, ist es immer ein kaltgepresstes Öl. Diese Öle sollten Sie vorzugsweise für Salatsaucen verwenden. Achten Sie darauf, möglichst immer hochwertige Öle zu verwerten (extra vergine), während es nicht notwendig ist, zum Braten das feinste und teuerste Öl zu benutzen. Je nachdem, wonach Ihnen der Geschmack steht, können Sie aus unzähligen Varianten auswählen. Der Trend zeigt, dass gutes Öl mittlerweile schon zu einem beliebten, exklusiven Geschenk avanciert ist. In meiner Küche spielt die Hauptrolle ohne Zweifel das Olivenöl. Und da gibt es gravierende Unterschiede. Zuerst mal beeinflusst die Herkunft der Oliven entscheidend den Geschmack. Am bekanntesten sind die italienischen Olivenöle, interessant ist aber auch zu wissen, dass griechisches Öl ganz anders schmeckt als z. B. Öl aus Mallorca. Letzteres ist sehr ausdrucksstark, was für Salatsaucen nicht immer von Vorteil ist.

### Pfannen

Wenn sie eine Teflonbeschichtung haben, sollten Pfannen auf keinen Fall mit Spüli gespült werden. Heißes Wasser und Küchenpapier reicht völlig aus. Nicht mit dem Kratzschwamm oder der Eisenwolle draufrumschaben – das zerstört die Teflonschicht. Nur Schwammtücher oder Lappen verwenden!

Auch bei herkömmlichen Metallpfannen ist Spüli in Profiküchen unerwünscht. Durch die Benutzung der Pfannen bildet sich nämlich eine ganz natürliche Antihaftschicht, die von der Seife des Spülmittels immer wieder zerstört würde. Sie können dies mal an einer neuen Pfanne austesten; dafür sollten Sie allerdings etwas Geduld haben, denn die Schicht braucht einige Zeit, um sich bis tief in die Metallporen vorzuarbeiten.

### Qualität

Frische ist ein absolutes Muss – und von Dosengemüse sollte man, außer in Notzeiten, ohnehin die Finger lassen, es sei denn, Sie wollen lediglich satt werden, aber ganz auf authentischen Geschmack und auf wichtige Nährstoffe und Mineralien verzichten.

Nur aus den besten und frischesten Zutaten lässt sich auch das Beste machen. Das ist das Geheimnis der Küchen, die wir zu Recht so schätzen. In Italien können Sie zum Essen in jede noch so kleine Trattoria oder als Überraschungsgast in einen privaten Haushalt kommen – die Zutaten werden in jedem Fall frisch sein. Und wenn Sie dort beim Fleischer Gehacktes bestellen, wird er es erst in diesem Moment vor Ihren Augen für Sie herstellen. Dasselbe gilt für die anderen Länder, aus denen unsere Rezepte stammen – nicht zufällig sind sie alle von der Sonne verwöhnt. Das warme Klima ließ den Gedanken, etwas anderes als frische Zutaten zu verwenden, eben nie aufkommen.

Ich bevorzuge deshalb zum Einkaufen kleine Fachgeschäfte, denn Sie bekommen dort nicht nur die ausgewählteste Ware, sondern auch noch einen netten Talk dazu. Ich bin sicher, es gibt auch in Ihrer näheren Umgebung einen Obst- und Gemüseladen und guten Metzger, der Ihnen auch mal auf Bestellung die Zutaten zurücklegt oder organisiert, die er vielleicht sonst schon verkauft oder nicht immer vorrätig hat. Wenn am Tag des großen Verführmenüs ein Wochenmarkt stattfindet, haben Sie ebenfalls Chancen auf erstklassige Zutaten. Es macht viel mehr Spaß, dort einzukaufen, und so viel mehr kostet es gar nicht, wenn man vergleicht, wie viel mangelhafte Ware man letzlich wegwerfen muss. Außerdem: Heute Abend ist er es Ihnen doch wert, oder?

### Reis

Seit die westliche Menschheit kapiert hat, wie gesund Reis ist, gibt es auch bei uns eine unerschöpfliche Auswahl verschiedener Reissorten zu kaufen. Leider hat auch jeder Reis seine eigene Zubereitungsform. Je nachdem, ob es sich um japanischen Klebreis, italienischen Risotto, indischen Basmatireis oder z. B. thailändischen Duftreis handelt, sind auch die Konsistenzen unterschiedlich gewünscht. Sushireis muss kleben, ob es Uncle Ben passt oder nicht, denn sonst müssten Sie jedes Reiskorn einzeln mit Ihren Stäbchen herauspicken. Risottoreis sollte innen einen winzigen harten Kern haben und außen weich sein. Basmatireis wird meist luftig-locker zubereitet. Duftreis darf auch ein wenig kleben, speziell wenn Sie mit Stäbchen decken. Für diesen Reis hat Klaus Werner Wagner auch einen Trick parat: Sie heizen einen Topf mittelstark an und rösten den Reis darin trocken an, d. h. ohne Fett. Dann gießen Sie die doppelte Menge Wasser auf, lassen das Ganze einmal aufkochen, schalten die Herdplatte aus, geben den Deckel drauf und lassen den Reis nur noch gar ziehen. Wichtig ist: zwischendrin *nicht* umrühren!

Es gibt im Handel sehr viele verschiedene Risotto-Qualitäten aus allen möglichen Ursprungsländern und alle haben eine andere Garzeit! Darum ist es auch außerordentlich schwierig, eine bestimmte Garzeit im Rezept zu empfehlen. Es gibt Sorten, die nach 10 Minuten schon fertig sind, andere brauchen mindestens 30 Minuten Sie sollten in jedem Fall immer auf die Packungsempfehlung achten. Man kann Pi mal Daumen davon ausgehen, dass ein normaler, gut gegarter Risotto 15–20 Minuten Hitzezufuhr braucht.

### Salat

Behandeln Sie bitte alle Salate so, wie Sie auch Ihren Gast behandeln: mit größter Sorgfalt. Aber beachten Sie: Ihren Gast dürfen Sie später gerne stark drücken – nicht so jedoch die Salatblätter, die man im Übrigen auch nur kurz wässern darf (während man den Gast ja gegebenenfalls sogar mit in die Badewanne nehmen kann …).

Salate aus dem Waschwasser in ein Sieb heben, nicht *mit* dem Wasser in ein Sieb schütten. Schmutz und

Sand setzen sich am Boden der Waschschüssel ab und sollten dort auch bleiben. Achten Sie darauf, dass der Salat immer relativ trocken ist, ehe Sie ihn mit dem Dressing mischen, sonst schmeckt er verfälscht oder wässrig.

Ein wunderbares Gerät zum Anmischen von Salatdressings sind leere Joghurtgläser oder Einmachgläser. Sie füllen die Zutaten einfach ein, schließen den Deckel und schütteln kräftig. Besser und schneller können Sie mit keinem Schneebesen rühren. Außerdem lassen sich Dressings so hervorragend auf Vorrat fabrizieren. Bewahren Sie die Salatsaucen im Kühlschrank auf. Bei Bedarf einfach rausnehmen und: Shake it, baby.

### Trüffel

Eigentlich halte ich nicht besonders viel von der angeblich aphrodisierenden Wirkung gewisser Zutaten. Ich bestätige aber gerne, dass Ihre Sinnlichkeit mit dem angenehmen Duft von Trüffel und dem Bizzeln von edlem Champagner vortrefflich harmoniert.

Bei sämtlichen Rezepten, die die Verwendung von Trüffeln vorsehen, können Sie ohne schlechtes Gewissen auch die preiswertere Trüffelbutter verwenden. Sie wird immer aus frischen Trüffeln hergestellt, die z. B. zu klein sind oder bei denen eine Ecke abgebrochen ist. Darum ist die Butter nicht als minderwertig einzustufen. Ganz im Gegenteil, in der Regel ist die Trüffelbutter mit einem viel stärkeren Aroma ausgestattet, weil das Aroma im Fett eingeschlossen ist und nicht verfliegen kann. Trüffelbutter kostet ein Zehntel von frischen Trüffeln. Dasselbe gilt auch für gute Trüffelöle.

Natürlich gibt es Gerichte, bei denen gehobelter Trüffel unverzichtbar ist. Doch das hat mehr mit der Optik als mit dem Geschmack zu tun.

### Umluft

Während der Testphase für dieses Buch fiel mir auf, dass die Temperaturanzeigen bei den Backöfen sehr oft ungenau waren. Die größten Temperatur-Unterschiede konnte ich bei den Backöfen feststellen, die keine Digitalanzeige besaßen. Genauso wenig konnte man sich auf Umluftherde verlassen: Stellte man sie auf 80 °C ein, zeigte sich beim Nachmessen, dass sie in Wirklichkeit wesentlich weniger Hitze entwickelten.

Hier hat sich ein Fleischthermometer sehr bewährt. Die Spitze wird normalerweise in den Braten gestochen, um Ihnen die Temperatur bzw. den Garpunkt des Fleisches mitzuteilen. Wenn Sie dieses Thermometer allerdings einfach in den Ofen legen, wird dieses pfiffige kleine Ding Ihnen genauso verraten, ob Ihr Ofen die gewünschte Temperatur hält. Ich empfehle Ihnen, dies vorher mal auszutesten, damit Sie sich beim Braten auf Ihre Erfahrungen verlassen können.

### Vegetarisch

Aus den allermeisten Rezepten in diesem Buch lassen sich mühelos sehr schmackhafte kleine Mahlzeiten bereiten, indem man kurzerhand das Fleisch weglässt. Es ist verblüffend, mit wie vielen Rezepten – auch aus anderen Kochbüchern mit Niveau – dies funktioniert. Raffinierte Gewürze und der starke Eigengeschmack erstklassiger, frischer Zutaten machen's möglich.

### Warmhalten

Es ist im Übrigen ein Jammer, ein warmes Gericht auf einem kalten Teller zu servieren. Es wird dann tatsächlich viel zu schnell kalt, weil Dinge von unterschiedlicher Temperatur nun einmal leider dazu neigen, ihre Temperaturen möglichst schnell anzugleichen. Das ist unter der

Bettdecke sehr schön, nicht aber bei warmen Speisen auf kalten Tellern. Teller anwärmen können Sie entweder kurz im Backofen oder in Ihrem Geschirrspüler. Neuere Modelle haben sogar eine spezielle profimäßige Teller-Anwärm-Funktion. Auch die Temperatur, die Sie für die Tiefgarmethode (s. S. 221 ff.) im Backofen halten, ist ideal zum Telleranwärmen und zum Warmhalten von Speisen. Ihr Opfer wird sich nicht zum letzten Mal wundern …

Nudeln halten Sie am besten warm, indem Sie sie nach dem Abgießen (nicht Abschrecken, das ist ein Aberglaube!) im Sieb belassen und dieses auf einen Topf mit heißem Wasser stellen. Da die Nudeln dabei sanft weitergaren, haben Sie so ein Argument mehr, sie fachgerecht al dente zu kochen – und nicht windelweich.

### Zwiebeln

Vielleicht ist Ihnen aufgefallen, dass in den Rezepten immer *Schalotten* anstelle von Zwiebeln angegeben sind. Die Schalotte ist ein Gewächs aus der Zwiebelfamilie und wird auch unter dem französischen Namen Eschalotte angeboten. Sie ist fast identisch mit der normalen Zwiebel, aber meist kleiner und übrigens auch viel feiner. In jedem Fall besitzt sie nicht diese unangenehmen ätherischen Öle, die manchmal dazu führen, dass ein Gericht muffig oder streng herb schmeckt. Schalotten haben die wunderbare Eigenschaft, sehr feinwürzig zu sein, denn Ihr Gericht soll ja nicht vorrangig nach Zwiebeln schmecken. Klaus Werner Wagner ist der Meinung, dass Zwiebeln etwas für Gulasch sind, aber in der feinen Küche nix verloren haben.

# Bezugsquellen für Weine

Für den Fall, dass Sie in Ihrem Heimatort kein ausreichendes Weinangebot vorfinden oder beim Einkauf zu unsicher sind: Bei den folgenden Versand-Weinhändlern erhalten Sie in jedem Fall Weine von der Qualität, die Ihrem verführerischen Vorhaben angemessen ist.

**California Wines**
Margot Schmitt
Löherweg 38
80997 München
Tel. 0 89 / 1 49 31 29
*(Kalifornische Weine)*

**Fischer & Trezza**
Ulmerstr. 150
70188 Stuttgart
Tel. 07 11 / 4 60 67 00
*(Wein, Sekt, Grappa aus Italien)*

**Genuine Selezioni**
Giogio Stella
Fürstenberger Str. 179
60322 Frankfurt
*(Handverlesene italienische Weine)*

**K & U Weinhalle**
Nordostpark 78
90411 Nürnberg
*(Spezialist für individuelle französische und kalifornische Weine)*

**Mövenpick Weinland**
(Niederlassungen in Dortmund, Hamburg, München, Berlin und Neu-Isenburg bei Frankfurt)
Versand/Abholung:
44149 Dortmund/Oespel
Brennaborstr. 5
Tel. 02 31 / 96 51 56 66
*(Weine aus aller Welt)*

**La Vineria**
Vilbeler Landstr. 7
60386 Frankfurt
Tel. 0 69 / 42 57 06
*(Spanische Weine aller Preisklassen)*

**Wein Art**
Schloss Reinhartshausen
Hauptstr. 41
65346 Eltville/Erbach
Tel. 0 61 23 / 9 23 60
*(Französische Spitzenweine)*

**Weinhandel Thomas Spät**
Franz Joseph Str. 43
80801 München
Tel.: 0 89 / 34 47 61
*(Fachkundig ausgewählte österreichische Weine)*

# Nachwort

Ich kann es selbst kaum fassen: Es hat tatsächlich funktioniert! Mein Kochbuch ist im Handel! Und Sie haben es in der Hand. Selbst gekauft oder vielleicht geschenkt bekommen!

Sie wundern sich, dass ich so überrascht bin? Nun, als ich begann, dieses Kochbuch zu schreiben, geschah das aus purer Lust und Liebe. Mein einziger Antrieb war die unbändige Genusssucht nach Futtern, Zubereiten und Verwöhnen. Dazu kam der unwiderstehliche Drang, etwas Neues zu entwickeln, das sich von den handelsüblichen Kochbüchern unterscheiden sollte: ein erotisches, verführerisches Kochbuch ganz ohne aphrodisierende Mittelchen, mannstoll machende Kräutertricks und vollmondnächtlich vorgetragene Hexensprüchlein.

Ob sich jemals ein Verlag dafür interessieren würde, war zunächst zweitrangig. Dass ich mich bei so einer nichtkommerziellen Denke auch nicht an vorgegebene Strukturen halten musste, vergrößerte verständlicherweise noch den mordsmäßigen Spaß an der Sache. Je lustiger und abgedrehter, desto besser. Außerdem konnte ich so schreiben, wie mir der Schnabel gewachsen war, und das war denkbar einfach.

Wer kennt das nicht: Wenn man etwas nach dem »Lustprinzip« tut, sich eben nur auf den Spaß an der Sache konzentriert, dann wird's was.

Überflüssig zu erwähnen, dass sich, wie von Zauberhand geleitet, die richtigen Personen zusammenfanden, um mich zu unterstützen. Bei einigen dieser guten Geister möchte ich mich unbedingt bedanken – nicht nur für die Mithilfe an diesem Buch, sondern auch für ihre jahrelange, manchmal sogar jahrzehntelange Freundschaft.

Den wichtigsten Dank möchte ich an meinen Mann **Norbert Alexiou** loswerden, der mich permanent inspiriert und mir mit seiner unglaublichen Intuition immer einen Schubs auf den richtigen Weg gibt.

Ein riesiges Dankeschön gebührt meinem Co-Koch **Klaus Werner Wagner**, der ein wirklicher Meister seines Faches ist. Er kocht jeden – ohne Ausnahme – dermaßen weich, dass das Opfer nachher nicht mehr weiß, ob es Männlein oder Weiblein ist und ein geräuschvolles »mmmh, schmatz« und »yammie, yammie« seine Restaurants erfüllt. Und er war der Erste, der sich ohne jedes finanzielle Interesse (jaja, sowas gibt's noch!!!) bereit erklärte, meine Idee zu unterstützen. Ich wünsche mir nicht nur für mich, sondern gleichermaßen für Klaus, dass unser Kochbuch erfolgreich werden möge. Vielen Dank auch seiner Frau **Gisela** für die viele Fleißarbeit.

Die exzellenten Weinempfehlungen stammen vom kulinarischen Journalisten und langjährigen Freund **Ludwig Fienhold**, der neben seinen außergewöhnlichen Weinkenntnissen auch als (gefürchteter) Restaurantkritiker tätig ist und so Essen und Weine in wunderbarer Weise vereinen kann. Für unserr-re nächtlichen Sisungen bin ich, ääh, wirkliss, äähm, seeehr viiel dankbar, gehenau (hicks).

Auch **Bernd Moser** hat sich mit seinen Empfehlungen, speziell was die spanischen Weine angeht, ein fettes Dankeschön verdient. Als Mallorca-Spezialist kennt er nicht nur die Reben der Insel, sondern auch die Küche von Klaus Werner Wagner bis ins kleinste Detail.

Die einfallsreichen Cocktails wurden vom Star-Bar-Mixer **Ernst Lechthaler** (München) ausgeheckt. Ernesto beschrieb mir seine Rezepte im Vorfeld so realitätsnah, dass ich schon vom Telefonieren beschwipst war. Wir kennen uns auch schon jahrelang und deshalb freut es mich besonders, dass er auch ins Boot kam. (Den »Pas de Deux« haben wir übrigens zu unserem Nationalgesöff in Los Angeles erkoren.)

Weit mehr als nur einen Freundschaftsdienst hat **Ute Buddenberg** für mich geleistet. Sie vermochte es, auch aus meinen wirrsten Ideen grammatikalisch richtige und allgemein verständliche Sätze zu zaubern. Ute behielt immer den totalen Durchblick, wenn ich mich in völlig sinnlosen Kleinigkeiten verstrickte. (»... diesen ganzen Absatz kannste dir schenken ... lösch ... heul.«)

Ich kenne niemanden, der dieses Buch besser illustriert hätte als **Uschi Heusel**, die nicht nur umwerfend zeichnet, sondern auch mit unglaublich witzigen Ideen den berühmten Nagel auf den Kopf trifft.

**Ingeborg Rose**: Schon der Name klingt wie Musik in meinen Ohren. Eine literarische Agentin habe ich mir genau so gewünscht, wie sie dann vor mir stand. Mit wirklich außergewöhnlicher Verhandlungstaktik, mit großem persönlichen Einsatz und einem umwerfenden Humor fand Ingeborg mit ihrem ausgeprägten Gespür für die Branche den richtigen Weg. Gegen Know-how kann sich halt niemand wehren, gelle?

**Eichborn**, der Verlag mit der Fliege: Was konnte mir besseres passieren, als auf diese witzigen Menschen zu stoßen. Auf gar keinen Fall mit dem Strom schwimmen, gerne Neues wagen und ein wenig schrill darf – ja, was sag ich! – muss es sogar sein; darin sind wir uns einig.

Ich bin heilfroh, dass **Wolfgang Ferchl** sofort meinen Wunsch erkannte, *kein* angepasstes Buch zu machen. Und genauso viel Glück hatte ich mit meinem Lektor **Oliver Thomas Domzalski**. Ich danke dem Dottore für die schöne Zusammenarbeit. Was wäre die Welt langweilig ohne mutige Verlage. Vielen Dank!

Einer der ersten Stunde war auch **Heino Nöbel**, dem ich so viel verdanke. Heino, ich werde dir nie vergessen, dass du mit Engelsgeduld so viel wertvolle Zeit investiert hast. Siehste, hat doch funktioniert!

Zum Schluss seien noch die vielen Helferlein erwähnt, die alle mitgeholfen haben, dass dieses Buch so wurde, wie Sie es nun in den Händen halten:

Meine Eltern **Elfriede** und **Rudolf Dittrich**, die sich mal wieder als hervorragende Ratgeber in allen Lebenslagen bewährt haben, meine Schwiegermutter **Hedi Alexiou** für die Astrotipps, **Marianne Ingendorf** für die richtige Obst- und Gemüseberatung, meine Freundin **Helga Schunk** für ein Jahr Kochbuchmithilfe in sämtlichen Fragen, und sämtliche Testesser und Inspirateure und -innen, die ich leider nicht einzeln nennen kann.

Ich hoffe, dass Sie mit diesem Buch nicht nur sensationelle Menüs zaubern, sondern dass Sie beim Weichkochen, wie ich auch, unendlich viel Spaß haben werden. Bon Appetit!

(Übrigens, das Buch für den Mann ist gerade in Arbeit. Wir Damen haben nämlich auch nix gegen einen Verwöhnabend. Und Gerechtigkeit muss sein!)

*Gabriella Moliné, Los Angeles*